JN136493

〝あわれみ〟の心
イエスの道

パスカル・ズィヴィー［著］
Pascal Zivi

いのちのことば社

はじめに

現在、社会の多くの人々の間では、他人の苦しみや痛みについて、無関心になっています。そしてそれに伴い、自分のことだけを考える個人主義がますます浸透しています。ローマ教皇フランシスコは、それを「人への無関心の一般化」と呼んでいます。そして、それは「とても悲しい問題」だと主張しています。

しかし、イエスさまのお心は全く違います。イエスさまは人々の苦しみについて大いに関心を持っておられます。人々の嘆きに耳を傾けてくださいます。不当な扱いに対して立ち上がってくださいます。なぜなら、イエスさまはあわれみ深い方だからです。このイエスさまを知るためには〝あわれみ〟という言葉の意味を理解することがとても重要です。それは、私たちがこの方に従うことを大いに助けてくれるからです。

マルコの福音書八章一節から九節には、イエスさまが四、〇〇〇人に食べ物を与えたことが記されています。このとき、実際にはもっと多くの人たちがそこにいました。当時、人数を数えるときは、男性だけで、女性と子どもは数に入っていなかったからです。

私にとって、イエスさまがこのときに群衆のために表した感情が非常に心に留まるものでした。その言葉と行動から、イエスさまが人々の日常生活にどれほど感心を持っておられたかがよくわかります。ここに、イエスさまが弟子たちに次のように語られたと記されています。

「かわいそうに、この群衆はもう三日間もわたしといっしょにいて、食べる物を持っていないのです。空腹のまま家に帰らせたら、途中で動けなくなるでしょう。それに遠くから来ている人もいます」（二～三節）。

このあとイエスさまは奇跡を起こして、群衆に食べ物をお与えになりました。八節には、「人々は食べて満腹した」と書かれています。人々が満腹した後、主は何をされたでしょうか。九節にこうあります。「イエスは、彼らを解散させられた」と。

イエスさまは、群衆が「空腹なまま」とか、「少しだけ食べた」とかの中途半端な状態でなく、「食べて満腹した」後に解散させられました。空腹という群衆の不安を取り除き、「イエスの心に」彼らに対する心配がなくなった後のことだったわけです。

どうして、イエスさまはそれほどの行動をとられたのでしょうか。イエスさまは、ご自分が「特別な存在」あるいは「偉大な預言者」であることを示すために奇跡を行われたのではありません。ましてや、「奇跡のワンマンショー」を披露するためでもありませんでした。その理由は、少し前のマルコの福音書八章二節に書かれています。三日もの間、いっしょにいた群衆は食べる物を持っておらず、イエスさまはその姿を見て、「かわいそう」に思われたというのです。

口語訳と新共同訳でも、新改訳と同じ「かわいそう」という言葉がここでは使われています。英語訳とフランス語訳は compassion〔コンパッション、コンパシオン〕になっています。ところが、どんな訳であっても、このイエスさまの感情を正確に表現できる言葉がないのです。「かわいそう」でもcompassionでも、これを表現するには弱過ぎます。さらに日本語の「あわれみ」もその響きから、「上から下へ」、「恵まれた者が恵まれない者へ」向ける感情であるかのような誤解を生じさせてしまいがちです。

イエスさまのこの心をより理解するためには、原語のギリシア語を見る必要があります。使われている動詞はσπλαγχνίζομαι〔スプランクニゾマイ〕です。「同情」を表す言葉の中でも非常に強い意味合いを持つ語です。私たちが通常使う「同情」や「あわれみ」というニュアンスと少し異なります。それについては、アルバート・ノーランが著書『解放の福音・イエス』の中で次のように述べています。

> 「ギリシャ語の動詞——splagchnizomaiは、splagchnonという名詞から出た言葉であるが、それは、腸、腹、内臓、あるいは心臓を意味しており、言いかえれば、強い感情を起こすもととなる内側の部分である。したがってギリシャ語の動詞は、人の体の非常に深い内部から噴き出る情動とか刺激、あるいは一種の内臓反応を意味している」(野村裕訳、新世社、五六頁)。

腸の激しい痛みのように、イエスさまは私たちの苦しみや悲しみをご自分の痛みとして共に担い、深い共感を覚えてくださるというのです。そういうわけで、この原語で表されている「かわいそう」「あわれみ」は、非常に深い表現なのです。とはいえ、〝あわれみ〟という語を本書では使うことにします。ほかに適切な言葉がないからです。

この本の最初の章では、〝あわれみ〟という言葉の意味について、より詳しく説明したいと思います。それは読者の皆さんにとって、イエスさまご自身が持っておられる〝あわれみ〟というものを、より理解し、深めていく助けとなると思うからです。また、この〝あわれみ〟という言葉の意味を踏まえたうえで、私が考えている重要な事柄について話していきたいと思います。「怒り」、「赦し」、「尊重」、「ハラスメント」、「不当な扱い」などのことです。そしてまた、クリスチャンや教会の間でしばしば用いられる「神の御心」という言葉についても考えていきたいと思います。

目次

あとがき　107

第1章　〝あわれみ〟という言葉の深さ

「憐れみを起すことは神に固有なることであるとされ、また神の全能は何より第一に憐れみにおいて明示される。」――トマス・アクィナス[1]

A　旧約聖書の中の〝あわれみ〟

〝あわれみ〟という言葉はラテン語で Misericordia〔ミセリコルディア〕といいます。この言葉は二つの単語で構成されています。それは、miseria〔ミセリア〕（惨めさ、悲惨、不幸）と cor〔コル〕（心）です。形容詞の misericors〔ミセリコルス〕は、「他人の苦しみや悲しみを、自分の心の中に深く感じる」ということを意味します。この言葉はヘブル語 רַחֲמִים〔ラハミーム〕から来ています。רַחֲמִים〔ラハミーム〕は「内臓」を意味します。そして、母の愛情や優しさをも表します。רַחֲמִים〔ラハミーム〕は多くの場合、原形である רֶחֶם〔ラーハム〕の複数形として使われています。この רֶחֶם〔ラーハム〕は「母胎（子宮）」や「腸（はらわた）」を指す言葉です。母親が自分のお腹を痛めた子どもに対する愛を表しているわけです。

母親は、自分の子どもが苦しむ時、また悲しむ時、それを見て深く心を動かされます。子どもの悲しみや苦しみを無視することができません。子どものために立ち上がるでしょう。

聖書では、人に対する神さまの〝あわれみ〟は、子どもに対する母親の愛以上のものだと述べられています。イザヤ書四九章一五節に次のように書かれています。

「女が自分の乳飲み子を忘れようか。
自分の胎の子をあわれまないだろうか。
たとい、女たちが忘れても、
このわたしはあなたを忘れない。」（新改訳）

「女が自分の乳飲み子を忘れるであろうか。
母親が自分の産んだ子を憐れまないであろうか。
たとえ、女たちが忘れようとも
わたしがあなたを忘れることは決してない。」（新共同訳）

「女がその乳のみ子を忘れて、
その腹の子を、あわれまないようなことがあろうか。
たとい彼らが忘れるようなことがあっても、
わたしは、あなたを忘れることはない。」（口語訳）

このみことばを読むとき、神さまの〝あわれみ〟が、すべての人に向けられていることがわかります。どんな状況であっても、神さまは一人ひとりに関心を向けておられます。苦しんでいる人たち、困難な状況の中にいる人たちに向けられる神さまの「〝あわれみ〟の心」を表しているみことばです。その〝あわれみ〟があるから、神さまは人間のことを、私たちのことを忘れることはないということがわかるのです。

エレミヤ書三一章二〇節には、こう書かれています。

「エフライムは、わたしの大事な子なのだろうか。
それとも、喜びの子なのだろうか。
わたしは彼のことを語るたびに、
いつも必ず彼のことを思い出す。
それゆえ、わたしのはらわたは
彼のためにわななき、
わたしは彼をあわれまずにはいられない。
――主の御告げ――」（新改訳）

「エフライムはわたしのかけがえのない息子
喜びを与えてくれる子ではないか。
彼を退けるたびに
わたしは更に、彼を深く心に留める。

彼のゆえに、胸は高鳴り
わたしは彼を憐れまずにはいられないと
主は言われる。」（新共同訳）

「はらわた」、「胸は高鳴り」という言葉は、神さまの強い感情がどういうところから生じるのかを表しています。それは、内臓の一番深いところから出てくるものです。もちろん、神さまに内臓などはないでしょう。けれども、エレミヤは象徴的に神の愛の深さをそのように表現しているのです。そして、この深い愛から湧き起こるものが〝あわれみ〟です。

それでは、具体的にこの〝あわれみ〟とはどういうものなのでしょうか。詩篇一四六篇と詩篇一四七篇はそれを明確に示しています。

「しいたげられる者のためにさばきを行い、
飢えた者にパンを与える方。
主は捕らわれ人を解放される。
主は盲人の目をあけ、
主はかがんでいる者を起こされる。……
みなしごとやもめをささえられる。」（一四六・七〜九）
「主は心の打ち砕かれた者をいやし

彼らの傷を包む。」（一四七・三）

B　新約聖書の中の〝あわれみ〟

すでに説明しましたが、新約聖書で使われている〝あわれみ〟という言葉は、ギリシア語ではσπλαγχνίζομαι〔スプランクニゾマイ〕です。これは、「同情」を表す言葉の中でも非常に強い意味合いを持ちます。一般的な同情やあわれみではありません。人間の存在の深みにまで及ぶ感情を意味しています。人の体の非常に深い内部（内臓）から噴き出る情動、刺激、あるいは一種の内臓反応を表します。

イエスさまは苦しむ人や悲しむ人を見て、深く心を動かされます。内臓に激しい痛みを感じられるのです。イエスさまの〝あわれみ〟はどういうものでしょうか。それは、人の苦しみや悲しみをご自分の痛みとして共に担い、深い共感を覚えてくださるというものです。

イエスさまの歩みに〝あわれみ〟の心が伴っていたことが、その宣教の根本的な側面として描かれています。新約聖書はこのことを明確に示しています。

たとえば、マルコの福音書一章四一節と四二節には、ツァラアトに冒された人を癒された場面で、「イエスは深くあわれみ、手を伸ばして、彼にさわって言われた。『わたしの心だ。きよくなれ。』すると、すぐに、そのツァラアトが消えて、その人はきよくなった」と書かれています。ルカの福音書七章一三節には、やもめの息子を生き返らせたときに、「主はその母親を見てかわいそうに思い、『泣かなくてもよい』と言われた」とあります。英語訳のＮＫＪＶでは“He had compassion”（彼はあわれんだ）と訳され、ルイ・スゴン（Louis Segond）によるフランス語訳では“Il fut emu de compassion”〔イル・フー・エム・デュ・コンパシオン〕（彼は深くあわれんだ）となっています。そして一四節と一五節には、「そして近寄って棺に手をかけられると、かついでいた人たちが立ち止まったので、『青年よ。あなたに言う、起きなさい』と言われた。すると、その死人が起き上がって、ものを言い始めたので、イエスは彼を母親に返された」と書かれています。

また、マタイの福音書一四章一四節には、イエスさまが群衆を見た場面で、「イエスは舟から上がると、多くの群衆を見、彼らを深くあわれんで、彼らの病気をいやされた」と書かれています。

ヨハネの福音書一四章九節では、イエスさまは、「わたしを見た者は、父を見たのです」と言われました。旧約聖書においても、父（神）が人をあわれむときには、激しい痛みが内臓から発しているようですが、イエスさまも人をあわれむときには、ご自分の内臓に激しい痛みを伴っていただろうと思われます。イエスさまはこのような激しい感情によって、現実的に私たちに「父の〝あわれみ〟」を見せてくださったのです。そして奇跡を起こし、人の心の痛みを癒すことで、現実的に「父の〝あわれみ〟」を見せてくださっています。このようなことから、イエスさまが「父の〝あわれみ〟」の御顔そのものであることがわかるでしょう。

C 〝あわれみの心〟を閉じない！

ヨハネの手紙第一、三章一七節には、こう書かれています。

「世の富を持ちながら、兄弟が困っているのを見ても、あわれみの心を閉ざすような者に、どうして神の愛がとどまっているでしょう。」

口語訳も同じように、「あわれみの心を閉じる者」と訳しています。新共同訳では「同情しない者があれば」となっていて、ルイ・スゴンのフランス語訳では“Il lui ferme ses entrailles”〔イル・ルイ・フェルム・セ・ゼントライユー〕（彼は彼に対して彼のはらわたを閉じています）と訳されています。

「あわれみの心を閉ざすような者に、どうして神の愛がとどまっているでしょう。」この言葉は非常に重要です。「〝あわれみ〟の心」を閉ざすのであれば、どのようにしてその人の苦しみや悲しみを感じられるでしょうか。そして、「〝あわれみ〟の心」なくして、どのようにしてその人のために立ち上がって、行動を起こすことができるでしょうか。自分の「はらわた」を閉じてしまったなら、そんなことはできません。自分の「はらわた」を閉じたなら、神さまの愛がとどまることができないのです。

「〝あわれみ〟の心」を持っている人は、自分の内臓に激しい痛みがあるように感じるため、行動を起こします。マザー・テレサの両親はそのような人たちでした。彼らは経済的に恵まれていました。これはあくまでも一般論ですが、現代の富の不均衡を見ていると、時として、お金持ちの人たちは、貧困の中にある人たちに関心を払うことがないようです。けれどもマザー・テレサの両親はそうではありませんでした。いつも貧しい人たちのために、心を砕いていました。彼女の家では毎日、昼食や夕食の時に、家族以外の見知らぬ人たちが食卓にいたそうです。幼かったテレサは母親に、「この人たちはだれ？」と尋ねたそうです。すると、「親戚や友だちですよ」と母親は答えたとのことです。

「〝あわれみ〟の心を閉じないということ」、これは神さまがクリスチャンに与えた非常に大切な命令です。私たちクリスチャンは常にこの「〝あわれみ〟の心」を持つ必要があります。なぜそうするのでしょうか。それは、今日の多くの人々のように他の人の苦しみや痛みに無関心にならないためです。

1 トマス・アクィナス『神学大全』（16巻）Ⅱ—2、第三十問題、第四項、稲垣良典訳、創文社、三五二頁。

第2章　怒りの感情を持つのはごく普通のことである

「多くの国において、虐げられ、侮辱され、排除されている人々はまだまだ多過ぎると言えます。これらの鎖を破ることを望むなら、あわれみの心と不正からくる当然な怒りはどうしても必要です。」

――フレデリック・レノア[1]

怒りは、人が持つ普通の感情であり、どの人の心の中にも存在します。そして、それ自体決して悪いものではありません。けれども、ユダヤ・キリスト教の文化の中で一番押し殺されたものといえば、この怒りの表現ではないでしょうか。多くの場合、「怒りは罪であるので、抑えるべき」、あるいは「許すべきではない」と教えられてきました。現在でもこのような考え方が人々に大きな影響を与えています。ある教会の元信者たちのお話によると、「怒ったら、悔い改めなければなりません」と教えられていたそうです。そして、そのように信じて歩んできたために、怒りの感情を外に表すことができなくなってしまったとのことです。

A　聖書が教える怒り

ここでは、聖書を調べ、怒りについてどのように書かれ、どう伝えられているかを読み取っていこうと思います。実は聖書には、「正しい怒り」がどういうもので、「正しくない怒り」がどんなものかが明確に教えられているのです。

聖書には、「怒り」「憤怒」「激しい怒り」「憤慨」「怒り狂う」という言葉が六百回以上出てきます。三分の一は人間の怒りであり、残りの三分の二は神さまの怒りです。

新約聖書には、ギリシア語で「怒り」についていくつかの言葉が使われています。その中の代表的なものが、ὀργή〔オルゲー〕とθυμός〔テュモス〕です。『ウェストファル』（*Westphal*）という聖書百科辞典では、「良い怒り」と「悪い怒り」を、ὀργή〔オルゲー〕とθυμός〔テュモス〕に区別することができると説明されています。ὀργή〔オルゲー〕は、一般的な用法として、不当な行為や罪に対して自然に湧き起こってくる正義感による怒りを表し、「良い怒り」としてとらえられています。

「私たちもみな、かつては不従順の子らの中にあって、自分の肉の欲の中に生き、肉と心の望むままを行い、ほかの人たちと同じように、生まれながら御怒りを受けるべき子らでした」（エペソ二・三）。

この箇所では、人間の不当な行為や人間の心にある罪に対する神さまの怒りに、ὀργή〔オルゲー〕が使われています。

マルコの福音書三章五節では、パリサイ人たちが片手の萎えた人のいのちと苦しみを無視したときに、イエスさまが表した怒りに ὀργή〔オルゲー〕が用いられています。

エペソ人への手紙四章二五～二八節で、パウロは「怒っても、罪を犯してはなりません」と述べています。ここでも、ὀργή〔オルゲー〕が使われています。パウロは怒りを禁止しているわけではありません。それどころか、人間関係の中で相手の不当な行為や罪に対して、私たちが正しく怒る必要があると説明しています。相手とともに正しく生きるためには、怒らなければならない時もあるのです。

反対に θυμός〔テュモス〕は、激怒や、感情的な爆発、激しい暴力的な行為にまで至る怒りを表し、「悪い怒り」としてとらえられています。

マタイの福音書二章一六節で、ヘロデ王は博士たちにだまされたとわかったときに、非常に怒りました。理性を失って、イエスさまを殺すために、ベツレヘムとその近辺の二歳以下の男の子をひとり残らず殺すようにと命じました。ここでのヘロデ王の怒りについては、θυμός〔テュモス〕が使われています。

ルカの福音書四章二八節と二九節では、イエスさまが会堂でお話しになったとき、ユダヤ人がそれに対して、ひどい怒りを表しました。そして、イエスさまを会堂から町の外に追い出し、丘の崖の縁まで連れて行き、そこから投げ落とそうとしました。ここでの彼らの怒りも、θυμός〔テュモス〕が用いられています。[2]

B　イエスの怒り

イエスさまも怒った、と聖書にあります。その理由は何だったのでしょうか。そのイエスさまの怒りについて考えていきたいと思います。イエスさまの怒りから、私たちクリスチャンは正しい怒りについて学ぶ必要があります。

◆イエスが手の萎えた人を癒す

マルコの福音書三章一節から六節に、イエスさまが手の萎えた人を癒したことが記されています。

イエスさまが会堂に入られたとき、そこに片手の萎えた人がいました。パリサイ人たちは、イエスさまが安息日にその人を治すかどうか、じっと見ていましたが、それは、彼を訴えるためでした。それに対してイエスさまはこう言われました。「立って真ん中に出なさい」、そして「安息日にしてよいのは、善を行うことなのか、それとも悪を行うことなのか。いのちを救うことなのか、それとも殺すことなのか」と。

この問いをパリサイ人に投げかけたとき、イエスさまは怒っておられました。そして、その手の萎えた人を癒されました。

五節には、パリサイ人に対して「その心のかたくななのを嘆きながら」と記されています。この言葉はとても興味深いものです。パリサイ人たちはあまりにも厳格に、「人の言い伝え」を守っていたために、神さまの本当の心を忘れてしまっていました。「人のいのち」を助けるよりも、「人の言い伝え」のほうが大切になってしまっていたのです。パリサイ人は「その心がかたくな」になっていました。言い換えれば、パリサイ人は「その心を閉じて」しまっていたのです。「〝あわれみ〟の心」を閉じていたということです。パリサイ人の心がそのような状態だったので、神の愛が彼らの内にとどまることができなかったのです。

パリサイ人のそうした「かたくな」な心に対してイエスさまは怒りを表されました。パリサイ人たちは「〝あわれみ〟の心」を閉じ、「人のいのち」を大切にすることができなかったために、弱い立場の人を差別していました。その当時、病気を抱えていた人は罪人と呼ばれ、社会から疎外されていました。ところが、イエスさまは奇跡を行う前に、手の萎えた人にこう言われました。「立って真ん中に出なさい」（三節）と。これもとても興味深い言葉です。社会から疎外され、差別されていたこの人に、イエスさまはあえて、「立って真ん中に出なさい」と言われたからです。このときイエスさまは彼を「疎外」という差別から解放されました。このことによって、この人は社会の中において「一人の人間」としての尊厳を取り戻すことができたのです。

◆イエスは宮の中で売り買いする者たちをみな追い出す

マタイの福音書二一章一二節から一三節には、イエスさまが「宮の中で売り買いする者たちをみな追い出した」と記されています。イエスさまはエルサレムの宮の中に入り、そこで商売をしている人たちをご覧になりました。そして、それに関わる者たちをみな宮の中から追い出し、さらに両替人の台や、鳩を売る者たちの腰掛けも倒してしまわれました。ヨハネの福音書二章一五節には、イエスさまが「細なわでむちを作って、……両替人の金を散らし（た）」と書いてあります。

このときのイエスさまの怒りについては、いろいろな考え方があります。私は、イエスさまを最も怒らせたのは、売り買いする者たちが「神さまの御名を利用」しながら、人々、特に貧しい人たちから「お金を搾取していた」からだと考えています。イエスさまはこのような『宗教的搾取的』な商売」を許せなかったのだと思います。さらに、イエスさまが表した怒りは、売り買いする者たちだけに向かったものではありません。律法学者たちやパリサイ人たちにも向けられていたでしょう。彼らも宮の中で、その商売から利益を受けていたからです。売り買いする者たちや律法学者たち、パリサイ人たちはどうしてこのような行為をしていたのでしょうか。彼らが「〝あわれみ〟の心」を失っていたからです。イエスさまの怒りはそのことを強く訴えるものです。

イエスさまの怒りの行動は私たちクリスチャンに、三つの重要なことを教えてくれます。一つめは、「正しい怒り」についてです。二つめは、「正しい怒り」を表すとき、それは「罪」ではないということです。そして三つめは、場合によってテーブル（台）をひっくり返す必要があるということです。

C　どういう「時」

伝道者の書三章一節にはこう書いてあります。

「天の下では、何事にも定まった時期があり、
すべての営みには時がある。」

私たちはどんな「時」に、イエスさまのような正しい怒りを表す必要があるのでしょうか。それはこのような「時」です。

・神さまの御名が利用される時。
・無実な人が抑圧されている時。
・隣人が利用されている時。
・隣人が抑圧されている時。
・隣人が疎外されている時。

まだまだ、このほかにもあると思います。

歴史において、こうした「時」に立ち上がった人々がたくさんいます。たとえば、マーティン・ルーサー・キング牧師です。彼はアメリカの人種差別、特にアフリカ系アメリカ人に対する差別のために立ち上がり、いろいろな運動を行いました。アングリカン・コミュニオン南部アフリカ聖公会のケープタウン大主教だったデズモンド・ムピロ・ツツは、アパルトヘイトをなくすために立ち上がりました。また、ブラジルのエウデル・ペソア・カマラ大司教は、ファベーラ（スラム街）で生きている貧しい人々のために立ち上がり、多くの運動を行いました。貧しい人たちが受けている不当な扱いを取り上げ、世に強く訴えました。そうしたなかでこんな言葉を残しています。「貧しい者に食物を与えると、人は私を聖者と呼ぶ。なぜ彼らは貧しいのかと尋ねると、人は私を共産主義者と呼ぶ。」

キング牧師、ツツ大主教、カマラ大司教には共通点があります。それは、彼らが弱い立場の人たちに対して、「〝あわれみ〟の心」を開いていたということです。三人とも内臓に激しい痛みを感じていたということです。そして、人の苦しみと悲しみを前にして、無関心でいることができなかったのです。彼らの働きを見ると、イエスさまのように、大勢の人たちの無関心と愛のなさに対して、何回も怒りを表していることがわかります。「当然な怒り」についてキング牧師は、こう語りました。「私は怒る時に、書くことも、祈ることも、説教することもできます。その時に私の気質は強くなるし、理解力も鋭くなります。またつまらない侮辱や誘惑も消えてくるからです。[3]」

D "C'est visceral"〔セ・ヴィセラル〕――はらわたがちぎれる

私の父はユダヤ人の家に生まれました。第二次世界大戦が終わってから、母と結婚した際、クリスチャンになりました。ユダヤ人であったため、第二次世界大戦の時には父と家族はナチスから人種差別を受けました。私の祖父は「ユダヤ人である」というだけで逮捕され、フランスからドイツに送られ、アウシュヴィッツ強制収容所で殺されました。父も逮捕され、同じように強制収容所に送られることになっていましたが、フランスのパルチザンによって救われ、その後、彼らとともに戦争が終わるまで差別と戦い続けました。

父はこの悲劇から、人種差別をはじめあらゆる差別に対して非常に敏感になりました。自分自身が差別を受けたため、差別を前にして立ち上がることができ、差別に反対するための運動にも参加するようになりました。不当な差別に対する父のその敏感な心は、仕事にも影響しました。

父は学校の教師でした。教鞭をとっていたところは、日本でいえば、高校から大学までの一貫教育の農業学校でした。父は数年間にわたって、あるクラスの担任を務めましたが、そこは学校内でも学力レベルが最も低いクラスでした。

そのクラスの学生のほとんどが農家の出身で、農作業には秀でていましたが、学科の成績は良くありませんでした。そのため、みな非常に苦労して卒業試験に臨むこととなりました。

学生たちも苦労しましたが、父自身も大きな忍耐と労苦を要しました。努力してもなかなか成績が上がらない学生たちの悩みを理解し、一人ひとりの心を大切にして、励まし続けました。学生たちの苦しみを父もいっしょに担ったわけです。その子たちが非常に苦労しながらも学校を無事に卒業したとき、父のそれまでの苦しみもいっしょに癒されたことでしょう。

父の努力は、同僚の教師の無理解との闘いでもあったといいます。あるとき、父に向かってこんなことを言う教師がいたそうです。

「あのクラスは勉強のできない、どうしようもない学生たちばかりだよ。」

それに対して父は、こう答えたといいます。

「このクラスは学者になるためではなく、立派な農業従事者になるためのものです。」

父は、そのクラスの学生たちが受けていた差別をなくすためにも闘いました。他の教師たちから批判を受け、ばかにもされました。それでも、その闘いをやめませんでした。それは先に説明したように、父が差別に対してとりわけ敏感になっていたからです。父はそうした差別に対して何度も怒りを覚えました。父にとって、それは「当然な怒り」でした。よくこう言っていました。“c'est visceral”〔セ・ヴィセラル〕――「はらわたがちぎれる」と。

「はらわたがちぎれる」とはどういうことでしょうか。これは、自分の内臓に激しい痛みを感じる時に表される言葉です。そうした痛みを感じて、人の苦しみや悲しみを自分の痛みとして共に担い、深い共感を覚えるということです。“c'est visceral”〔セ・ヴィセラル〕という表現は「〃あわれみ〃の心」を表しているのです。

E　自分の怒りに対して

すでに説明したように、ユダヤ・キリスト教の文化の中で最も押し殺された感情といえば怒りの表現でしょう。多くの場合、怒りは罪であって、抑えるべきであり、許してはならないものだと教えられてきました。しかし、人が不当な扱いを受けたとき、あるいは大切な権利を奪われたとき、怒りを感じるのは当然のことです。

次に挙げる五つの心の傷は怒りを引き起こすものです。それは、「裏切り」、「拒絶」、「捨てられること」、「屈辱」、「不当な扱い」です。こうした状況にあるとき、人は怒りを覚え、そして、その感情を外に表します。それは非常に健全な反応です。怒りは痛みをもたらします。その痛みによって、異変があると理解できるのです。怒りは、車の中のエンジンの油圧警告灯のように、「問題が起こっている」ことを知らせます。自分自身が「侵害されている」と警告します。ですから、人が怒りを表すことができなくなっているとすれば、それは心が非常に危険な状態にあるということです。いつか、その怒りは爆発するでしょう。何かをきっかけにして、他の人に感情的に当たってしまうことも少なくありません。家族、友だち、仕事の同僚、あるいは自分が飼っているペットにまで当たってしまいます。ある人は、自分の怒りの感情を整理できないために、心の中でそれが憎しみという感情に変わり、暴力を振るってしまいました。いろいろな面で精神的に不安定になり、鬱の症状に陥る人もいます。

そんな状態になったとき、自分は「不信仰なのだ」と思ってしまうクリスチャンが多くいます。けれども、それは不信仰の問題ではありません。自分の怒りを受けとめることができず、我慢して抱え込んでしまったためであり、その苦しみが外に表れているのです。ですから、怒りを外に表すことはとても大切です。

怒りの感情と正しく向き合うために、次のようなことをお勧めします。

1　怒りの感情は普通のことであり、だれの心にもあるということを認識する。
2　怒りの感情自体、悪い感情ではないと認識する。
3　怒りを覚えることは「罪」ではないと認識する。
4　怒りを表すのは「罪」ではないと受けとめる。
5　自分の怒りを押し殺さない。（その怒りを受け入れ、認識する。）
6　自分の心の中にある悲しみと苦しみを感じる。
7　どのように自分の心が傷つけられたのかを言葉で表現する。
・私はこのように傷つけられたので、怒っている。（できるだけ具体的に説明する。）
・私はこのように苦しんでいて、悲しんでいる。（ここでもできるだけ具体的に。）
8　自分の怒りを曖昧に処理しない。たとえば、

・それは重要な問題ではない。
・私よりもっと苦しみ、悲しんでいる人がいる。
・時間が経ったら、必ず忘れるだろう。
など、と。

9　自分を傷つけた人を曖昧に赦さない。

そして、もう一つ大切なことは、怒りを表すために自分の話を信頼して聴いてくれる第三者（牧師、神父、カウンセラー、友人）を持つことです。聴く側の人は能動的に、怒りを持つ人の話を聴く必要があります。怒りを抱いている人は、能動的に話を聴いてもらうことで、自分の怒りの荷を下ろすことができます。怒りの荷を少しずつ下ろしていくなかで、心の中に落ち着きを取り戻すことができるようになります。そして落ち着いた後、その怒りにどう対応したらよいかなど、自然と答えを見いだすことができるようになります。

怒りを表現する方法として、アメリカのロス・キャンベル氏は次のように述べています。

「怒りを表現する最善の方法は、できる限り気持よく、理性的に、しかも怒っている人にだけ示すことです。怒りを受ける人も同じように成熟した方法で反応し、他の人の立場を理解しようと努め、そして二人でその問題を解決します。この問題を解決することは、双方がその問題を理性的、論理的に検討し、論じ、双方の立場から理解し、それについてどうするかの合意に達することを意味します。これは双方が非常に成熟していなければなりません。ほとんどの人が生涯この成熟の域にまで達しません」

（『10代の子供の心を理解するために』いのちのことば社、一〇五頁）。

『10代の子供の心を理解するために』という本には、「ほとんどの人が生涯この成熟の域にまで達しません」と書かれていますが、ここにあるような怒りに対応ができる人は非常に少ないでしょう。けれども、こうしたことができる人は、自分の怒りを押し殺すことがありません。怒りの感情を人にしっかりと伝えます。自分の傷がどういうものであるかを具体的に伝えます。双方にとって非常に重要なことです。

F 「〝あわれみ〟の心」をもって、相手の怒りに寄り添う

それでは、どのようにして怒っている人を支えることができるのでしょうか。これは決して簡単なことではありません。一番大切なのは、その人の心をよく聴くことです。アンドレ・グロモラード（Andre Gromolard）というフランスの神父が、「聴くことは、おそらく、相手への最も素晴らしい贈り物です」と言っています。

私は先ほど、「話を聴く第三者は、能動的に話を聴かなければなりません」と述べました。能動的に話を聴くとはどういうことでしょうか。それは、相手のために自分の心の中に「空間」を持つということです。「空間」を作ることによって、相手の話を受け入れることができるようになります。話を聴きながら、相手の心をつぶさないように、またこちらの考えを相手に植えつけないように注意します。そのために「空間」が非常に重要です。聴く側の心にこうした「空間」があることで、人は、自分のつらい思いを安心して伝え

ることができるのです。怒りを持っている人は、話を聴いてくれる人の心に「空間」があることで、自分のことが理解されていると感じますし、そのプロセスの中で、少しずつ苦しみと悲しみから解放されていくことができるのです。

もしも聴く側の人がクリスチャンであれば、その人のために祈ってあげましょう。それでも、本人の許可を得てから、祈ることが大切です。人によっては心の傷があまりにも深くて、祈りや聖書のみことばを受け入れることができなくなっていることがあります。そういう場合は、その人の心を尊重し、別れてから、その人のために祈るようにしましょう。

傷んでいる人の心を考えないで、勝手に祈るクリスチャンが時にいます。そして、祈りの中で多くの聖書のみことばを使って、その人のことを批判するのです。「彼（彼女）は信仰が弱いために、怒りを持っています」といった祈りによってです。私は、こうした祈りをされて傷ついた人たちから、多くの話を聴きました。この種の祈りは一つの精神的、霊的なハラスメントだと言えます。

一方、心に「空間」があれば、話の流れを相手に委ねることができます。その人が心の中にどんな怒りを持ち、なぜそのように感じているのかを考えながら聴くことができます。わからないことがあれば、率直に質問もできます。本人の話が混乱していれば、こう質問をするのもよいでしょう。「これまで私にお話ししてきたなかで、あなたにとって最も重要なことは何でしょうか。」

怒りを癒すために最も大切なのは、その人の心から「膿を出す」ということです。そのためには、聴く側の人は焦ってはなりません。時間をかけて、相手の気持ちのペースを大切にし、寄り添うのです。

このような心の「空間」を持って話を聴くのは、とても難しいことです。けれども、こうした「空間」を持って話を聴いてくれる人がいるからこそ、怒っている人の苦しみや悲しみは癒されていくのです。

どのようにしたら聴く側の人は、心の「空間」を持つことができるのでしょうか。先に述べたように、「〃あわれみ〃の心」を持つということです。そして、その「空間」は神の愛の一つの美です。

1　Frédéric Lenoir, *Les larmes du silence de Jean Vanier*, preface.
2　Jacques Poujol, *La colere et le pardon*, Empreinte temps Present.
3　Dr. Ross Campbell, *Les enfants en colere*, Orion, p. 81.

第3章　セルフ・コンパッション（自分への優しさ）

「そのとき、イエスは彼らに言われた。『わたしは悲しみのあまり死ぬほどです。……』」

——マタイの福音書二六章三八節

A　「自分への優しさ」とは何か

人はみな、いろいろな苦労を抱えて生きています。あるときには無力さを感じ、だれかの喪に服すこともあります。自分自身や他の人のことを疑う時もあります。恥や悲しみ、苦しみを経験し、恐れや怒りを感じます。また、理不尽な思いをも味わいます。そうした経験は私たち人間の生活の一部ですが、多くの人たちは、このような時に自分の感情を抑え込んでしまいます。場合によっては、その感情を押し殺し、人間にとって必要な、次のような「SOS」を言えなくなってしまいます。

・私は傷ついている！
・私は苦しんでいる！

・私は悲しんでいる！
・私は怒っている！
・私は空しい思いになっている！
・私は深く落ち込んでいる！
・私を助けてほしい！
・私を支えてほしい！

そう叫ぶ代わりに、自分にこう言うのです。

・私は完璧でなければならない！
・私は強くなければならない！
・私は粘り強くならなければならない！
・私は失敗してはいけない！
・私の本当の感情は言うべきでない！

こうすることで、人は自分自身をかなり強く縛りつけてしまいます。

けれども、この世には完璧な人などいないし、物事を完璧に行うことはできません。人はどれほど頑張っても、失敗するのが常です。努力しても、うまくいかないことが多々あるのです。必ずと言ってよいほど、苦しみや悲しみに直面します。ところが、このことを受け入れられない人は、自分の失敗を許すことができないのです。そして、あえて苦しみや悲しみを感じないようにしてしまいます。

そのような人は、何かできないことがあると、それを受けとめることができません。ただ厳しい目で自分自身を見つめ、自己批判をします。そして、自分自身を否定してしまうことが少なくありません。そのような状態に陥るとき、人は心の中のとても大切なものを失っています。それは、「セルフ・コンパッション」（自分への優しさ）です。

「セルフ・コンパッション」（自分への優しさ）とは、どのようなものでしょうか。それは、自分自身の傷と心の中に現れてくる痛みに、深い共感を覚えるということです。では、「自分への優しさ」は、どこから生まれてくるのでしょうか。自分の傷と心の中の痛みを否定しないで、認めることから生まれてきます。自分自身に対して〝思いやり〟の心を持ち、寛容になるのです。そのためには、「大丈夫だよ」「頑張ってね！」「心配しないで！」と自分に優しい言葉をかけます。ですから、苦しみ、悲しみ、怒り、恐れの思いを抱くときに、その感情を、言葉でもって自分自身に伝えるのです。私が先ほど書いた「ＳＯＳ」の言葉を参考にしてみてください。そうすることで、自分自身に対して温かく、理解を示すことができるようになるでしょう。

「自分への優しさ」を持つことで、「相手への優しさ」を持つことができるようになります。もしも自分の無力さを感じ、悩んでいれば、他の人の無力さを感じ、それに悩むことになります。自分の傷を否定していれば、他の人の傷も否定することになるでしょう。けれども、自分の傷を受け入れているのであれば、他の人の傷も受け入れることができます。他の人がＳＯＳを出せば、それがこちらの心に深く突き刺さるようになるのです。

「自分への優しさ」を持つことによって、自分の傷とそこから生まれる感情を尊重するようになります。そして、そうすることで、他の人の傷とそこから生まれる感情をも尊重できるようになります。

そして「セルフ・コンパッション」（自分への優しさ）は、自分の傷と他の人の傷に対して、もう一つ重要なことを教えてくれます。それは、時間を経てから自分の傷や他の人の傷を受け入れるのではなく、傷を受けた瞬間に、それを受け入れることが必要であることを教えています。傷を受けたその時に優しくすることです。時間が経ってからでは、その感情も変わってしまうからです。

B　人間イエスの素晴らしさ

◆人間になって来たイエスさま

ヨハネの手紙第一、四章二節には、次のように書いてあります。

「人となって来たイエス・キリストを告白する霊はみな、神からのものです。それによって神からの霊を知りなさい。」

「人となって来たイエス」。クリスチャンにとって、この言葉は非常に重要です。人間イエスを知ることが必要だからです。そしてクリスチャンは、「人となって来たイエス」の人間性から学ばなければなりません。ロシアの作家のディミトリー・メレシュコフスキーは、こう述べています。「すべてのキリスト教国は、イエスが神であることを知っている。しかし、人間イエスを知らない！」と。[1] この言葉は、一つの現実を示しています。多くの教会と教団は人間イエスのことについて、めったに、あるいは全く語りません。ところが聖書を読むときに、「神の子は肉体をもって、人間の生活を送っていた」ことがわかります。人間であったイエスは、自分の感情を押し殺したりせずに、はっきりと表現しておられました。

イエスさまは人を愛しました。

「イエスはマルタとその姉妹とラザロとを愛しておられた」（ヨハネ一一・五）。

イエスさまは自分の喜びを表明しました。

「わたしがこれらのことをあなたがたに話したのは、わたしの喜びがあなたがたのうちにあり、あなたがたの喜びが満たされるためです」（同一五・一一）。

イエスさまは泣きました。

「イエスは涙を流された」（同一一・三五）。

NKJVの英訳では“Jesus wept”（イエスは泣いた）とあります。ルイ・スゴルのフランス語訳では、“Jésus pleura”（イエスは泣いた）となっています。

イエスさまは怒りました。

「イエスは怒って彼らを見回し、その心のかたくななのを嘆きながら、その人に、『手を伸ばしなさい』と言われた」（マルコ三・五）。

イエスさまは、自分の苦しみ、悲しみと悩みを隠しませんでした。

「イエスは、苦しみもだえて、いよいよ切に祈られた。汗が血のしずくのように地に落ちた」（ルカ二二・四四）。

「それから、ペテロとゼベダイの子ふたりとをいっしょに連れて行かれたが、イエスは悲しみもだえ始められた」（マタイ二六・三七）。

「そしてペテロとゼベダイの子ふたりとを連れて行かれたが、悲しみを催しまた悩みはじめられた」（同節、口語訳）。

“He began to be sorrowful and deeply distressed.”（彼は悲しみを催し、深く悩みはじめた）（ＮＫＪＶ）

「そのとき、イエスは彼らに言われた。『わたしは悲しみのあまり死ぬほどです。ここを離れないで、わたしといっしょに目をさましていなさい』」（マタイ二六・三八）。

イエスさまは、自分が受けた不当な扱いを訴えました。

「三時ごろ、イエスは大声で、『エリ、エリ、レマ、サバクタニ』と叫ばれた。これは、『わが神、わが神。どうしてわたしをお見捨てになったのですか』という意味である」（マタイ二七・四六）。

ヨハネの福音書一八章二二節には、一人の役人が「平手でイエスを打った」と書いてあります。それに対して、イエスさまは二三節でこう言っておられます。「もしわたしの言ったことが悪いなら、その悪い証拠を示しなさい。しかし、もし正しいなら、なぜ、わたしを打つのか」と。

イエスさまが話すときにはよく、一人称代名詞の「わたし」を使っておられます。先に引用した聖書の箇所でも、こう言っておられます。「わたしがこれらのことをあなたがたに話したのは、わたしの喜びが」、「もしわたしの言ったことが悪いなら」、「どうしてわたしをお見捨てになった」。

さらにマタイの福音書五章一七節には、「わたしが来たのは律法や預言者を廃棄するためだと思ってはなりません。廃棄するためにではなく、成就するために来たのです」とあります。

そしてヨハネの福音書一七章二四節では、「父よ。お願いします。あなたがわたしに下さったものをわたしのいる所にわたしといっしょにおらせてください。あなたがわたしを世の始まる前から愛しておられたためにわたしに下さったわたしの栄光を、彼らが見るようになるためです」と述べておられます。

なぜ、人間イエスはこのように「わたし」をお使いになるのでしょうか。それは、自分自身の「精神性」「アイデンティティー」を表し、自分の気持ちや望み、考え方を伝えるために欠かせない言葉だからです。

さらに自分の考え方を理解してもらうためには、最も適切な言葉だからです。それによって聞いている人々は、話している人の見解を知ることができます。本人の意志が、はっきりと示されているからです。

「私」は、自分のことを大切にするために必要な言葉です。しかし重要なのは、他の人もこの一人称代名詞を使う権利があると認めることです。それを認めないときに、この「私」は、ただのわがままな自己中心性を表す言葉となってしまいます。

◆ゲッセマネという所

イエスさまがゲッセマネで苦しんでおられたときの弟子に対する態度を見ると、私はいつも感動します。イエスさまが弟子たちに、自分の感情や望みを伝えることについて、どれほど誠実であったかを読み取ることができるからです。

まず、イエスさまはゲッセマネに着いてから、「悲しみもだえ始められた」とマタイの福音書二六章三七節に書いてあります。もしイエスさまがその感情を隠したのであれば、弟子たちはそれについて証言することができなかったでしょう。三八節には、イエスはペテロとゼベダイの子にこう言われました。「わたしは悲しみのあまり死ぬほどです。ここを離れないで、わたしといっしょに目をさましていなさい」と。そして四〇節に、「イエスは弟子たちのところに戻って来て、彼らの眠っているのを見つけ、ペテロにこう言われた。『あなたがたは、そんなに、一時間でも、わたしといっしょに目をさましていることができなかったのか』」と記されています。

ここから人間イエスの素晴らしさを感じます。イエスさまは、悲しみもだえ始めてから、その心を弟子たちにお見せになりました。どんなに悲しんでいるのかを、言葉で言い表しました。その悲しみに対して、自分の望みをはっきり伝えられました。「ここを離れないで、わたしといっしょに目をさましていなさい」と。そして、その望みがかなえられなかったときに、きちんとそのことを訴えられました。「そんなに、一時間でも、わたしといっしょに目をさましていることができなかったのか」と。イエスさまはペテロとゼベダイの子と話したときに、一人称代名詞の「わたし」という言葉をお使いになりました。

このときイエスさまは弟子たちにどんなことを望んでおられたのでしょうか。自分の強い悲しみを受け入れ、自分のことを支えてほしいと望まれたのです。「自分への優しさ」「自分へのいたわりの心」が欲しかったのです。

人間イエスがこうした経験をしたとき、大きな苦しみと孤独感を味わわれました。人間イエスは自分の感情を表すとき、いつも誠実でした。自分自身を大切していました。そこには大切な教訓があります。それは、私たちが自分自身のことを大切にし、他の人を大切にすることです。つまり、「〝あわれみ〟の心」を持つことの重要性を教えているのです。そして、その「〝あわれみ〟の心」によって、「自分への優しさ」を持つことができ、「相手への優しさ」をも持つことができます。人間イエスのことを学べば学ぶほど、その重要性がわかってきます。

C　イエスの人間性を否定する危険

先ほど私は、メレシュコフスキーの言葉を引用しました。「すべてのキリスト教国は、イエスが神であることを知っている。しかし、人間イエスを知らない！」と。そして、「この言葉は、一つの現実を示していますと書きました。多くの信者や牧師と話をしてわかるのは、「イエスは神である」と確かに信じているということです。それは本当に正しいことです。ところが、その人たちはある理由をつけて、イエスの怒り、涙、悲しみや苦しみなどは「人間のようにではなかった」と言うのです。イエスは人間になったが、感情を表したときは、「人間と同じものではなかった」と教えています。イエスがスーパーマンであると思っているわけです。そして、イエスというスーパーマンよりもスーパーマンになろうと頑張っているのです。けれども、イエスさまはスーパーマンではありませんでした。人間として生活されました。

イエスさまは疲れも覚えました。そんな時は眠ってしまわれました。マタイの福音書八章二四節には、「すると、見よ、湖に大暴風が起こって、舟は大波をかぶった。ところが、イエスは眠っておられた」と書かれています。それにもかかわらず彼らは、「イエスが眠っていても、別に疲れていなかった」と言うのです。このようなクリスチャンは、自分自身がクリスチャンではないと思いません。けれども、そのように考えて、人間イエスの人間性を否定しているのです。これは非常に危険なことです。なぜでしょうか。自分の心が狭くなって感受性をも失ってしまうことになるからです。感受性を失うことによって、「自分への優しさ」や「相手への優しさ」という心の余裕をなくしてしまうのです。

D　短い祈り

イエスさま。

あなたの人間性をありがとうございます。私たちにとってあなたの人間性は大切な宝です。この大切な宝をよく理解するために、私たちの心に注意深さと謙虚な心を与えてください。私たちが「自分への優しさ」や「相手への優しさ」について正しく理解できるように助けてください。私たちが「自分への優しさ」や「相手への優しさ」について、もっと知ることができるように私たちの心を開いてください。あなたの福音を宣べ伝えるために、どのようにして「自分への優しさ」や「相手への優しさ」を用いたらよいのかを教えてください。

イエスさま、あなたの人間性は本当に素晴らしいのです。私たちの心が、この大切な宝に対して心を閉じないように助けてください。アーメン。

1　D. Merejkovsky, *Le Christ qui vient*, p. 245.

第4章　悲しみや苦しみの中にいる人へ

「あわれみというのは相手の苦しみを和らげようとするものです。それにまた苦しみの前で愛の表れでもあります。」――マチウ・リカール[1]

「人間になった神さまは、一人ひとりの惨めな姿、自分の足りなさや苦しみを共感して、はらわたを突き動かされました。」――ローマ教皇フランシスコ[2]

A　"Je veux pas du feu, Je veux de la chaleur !!"

〔ジュ・ヴュ・パ・デゥ・フー、ジュ・ヴュ・デゥ・ラ・シャラ〕

フランス語では、「あなたはタバコが欲しいのですか」を"Tu veux du feu"〔テゥ・ヴュ・デゥ・フー〕と言います。苦しみと悲しみにいる人に対して、この質問がよく使われます。多くの人たちは一本のタバコを吸うことで落ち着きを取り戻します。一時的にタバコの火で暖かさを感じるのです。

ある女性はこの質問に、次のように答えました。"Je veux pas du feu, Je veux de la chaleur!!"〔ジュ・ヴュ・パ・デゥ・フー、ジュ・ヴュ・デゥ・ラ・シャラ〕。「タバコが欲しいわけではありません。暖かさが欲しいのです」と。彼女はとても重要なことを訴えています。それは何でしょうか。「現存するという共感」とはどういうことでしょうか。それは一時的なタバコの暖かさではなく、「現存するという共感」を求めているのです。「現存するという共感」とはどういうことでしょうか。それは、悲しみや苦しみの中にいる人を受け入れ、その人を愛するということです。その人のありのままの気持ちを受け入れ、共に歩むことです。何の見返りも求めないで。

オランダ人のヘンリ・ナウエンは『差し伸べられる手』という本の中で、人の痛みを理解するためには「痛みのうちの連帯」が必要だと言っています。[3] 人々の悲しみや苦しみを和らげるためには、まず相手の痛みを共有することが必要です。その痛みを自分の痛みとして、共に担い、深い共感を覚えていくということです。

B　つらい経験を乗り越えるためには時間が必要

人生において、人はみなたくさんのつらい経験に直面します。身近な人の死、あるいは離婚、失業、大病、事故、失恋など。それらを乗り越えるには、それなりの時間がかかります。そして、人によってその時間は異なります。

精神科医のエリザベス・キューブラー・ロスは一九六九年に『死ぬ瞬間——死とその過程について』という本を書きましたが、その中で、「死の受容のプロセス」を世に発表ました。それによると、人は「自分が死ぬ」ことを知り、死に至るまでの間に五つの段階を踏んでいくとのことです。否認・怒り・取り引き・抑うつ・受容という段階です。[4]現在は、この五段階のプロセスは、死に向かっている人のためだけにとどまらず、つらい経験に直面している人々が立ち直るまでの七つの段階として展開しています。

◆七つの段階

第一段階　ショック状態――伴侶を突然失い、茫然自失となり、一時的に感情が鈍く麻痺したような状態が起こり、何も感じられなくなります。

第二段階　否認――本人は現実を事実として受け入れられず、拒否、否定します。

第三段階　怒りと取り引き――つらい現実とぶつかると、心に激しい怒りが生じます。その怒りの感情を自分に向けるか、外に向けてはき出すかということをします。この段階で、本人は取り引きを行います。神に何かを申し出て、約束事を結ぶことによって、現実が変わると思い込みます。いろいろな面で本人は混乱しています。激しい怒りを表す人もいれば、自分の殻に閉じこもってしまう人もいます。この混乱の中にいる多くの人は、自分の行動が何によって引き起こされているのかを理解できません。

変えることのできない現実に直面するとき、人は混乱を引き起こします。それを理解できるまでは、批判、後悔、恨み、嫌悪感などいろいろな感情が表れてくるのです。

第四段階　悲しみ――この段階では本人は絶望状態にあります。「ひどい！」「私はどうなるのか？」「なぜ、あの人は私にこんなことをしたのか？」などの感情が沸き起こり、絶望してしまいます。

第五段階　あきらめ、放棄――現実が変わるために闘うということを放棄します。現実を変えるために、あらゆることを試みたと思うかもしれません。どうしたらよいのか、本人にもわかりません。その日の状況によって行動も変わります。この「あきらめ」は拒絶を伴うこともあります。たとえば、何もすることができない、「すべて神さまの御手にあるのだから！」と。

第六段階　受容――この段階で、現実を受け入れます。そこから少しずつ自分に対する信頼を持ち直し、「まだつらかったことを思い出しますが、少しずつ前を向いて進んでいっています」と、明るい将来を見ることもできます。

第七段階　復興（人生が新たにスタートする）――受け入れることだけでなく、徐々に自分の人生を再構築する必要もあります。立ち直ることによって、次のようなことが可能となります。

1　自分自身をもっと深く理解ができる。
2　自分に対する信頼が生まれる。
3　自信を持つことができる。
4　自分の中にある賜物を発見することができる。
5　新たな希望を見いだすことができる。
6　健康的な日常生活を取り戻すことができる。

悲しみや苦しみを乗り越えると、より成熟した人間へと成長します。信仰者は神さまに対してより深い信頼を持つようになります。[5]

人によってこのプロセスが変わることもあります。そして、乗り越えるペースは人それぞれです。目の前につらい思いをしている人がいたなら、その人のペースを尊重する必要があります。立ち直りの段階に早く進ませようと無理をするべきではないのです。

◆「死」か「生」を与える言葉

箴言一八章二一節に、「死と生は舌に支配される」と書かれています。ここにあるように、人は舌から出る言葉によって、人を支えることも、完全につぶしてしまうこともできるのです。「大丈夫だよ」「心配しなくていいよ」「自分のペースでいいよ」、「泣いてもいいよ」「むなしさと怒りを感じてもいいよ」「無理しなくてもいいよ」「時間をかけてもいいよ」などの、相手を受け入れる言葉は、つらい経験をしている人々にとって大きな支えとなり、「生」をもたらします。さらにその人を勇気づけもします。多くのクリスチャンはそのことをよく理解し、「人の痛み」を重んじます。

ところが、これと全く違った行動をとる牧師、伝道者、長老、信徒もいます。その人たちは人の痛みを否定します。そうした感情を打ち消すために、聖書をよく引用します。ヨブ、アブラハム、ヤコブ、ヨセフのつらい経験を引っ張り出してきて、悲しみや苦しみの中にいる人の痛みと、それらを比べようとします。そして、苦しんでいる当人に、「あなたの痛みは何でもないものだ」「たいしたことはない」「あなたは不信仰だから、その痛みを乗り越えることができないんだ」「痛みを感じる必要などない！」などと言うのです。このような言葉は「死」をもたらします。心に傷を持っている人に、さらに新たな深い傷を与えてしまいます。

全世界には、このおかしな考え方を持っているクリスチャンたちが少なからずいます。そして、この考え方によって、傷を受ける人々が多いのです。このような被害を受けたクリスチャンからの相談をよく受けています。さらにクリスチャン・カウンセラーからも、このような話をよく聞きます。

「痛みを感じては『ダメ』です。痛みに対して『ノー』と言わなければなりません。」

このように指導する無感覚なクリスチャンに対して、カナダのモントリオールにあるキリスト教カウンセリング校ＳＲＡ校長のデニス・モリセット（Denis Morisette）牧師は、こう述べています。「こんな発言をするクリスチャンのために、私は大きなハンマーが欲しい。そして、彼らの左手か右手を強く叩いてやりたい。それから、『大丈夫だ！　この痛みは何でもないよ！　痛みを感じるな！』と言ってやりたい。その時に彼らがどんな態度をとるのかを見てみたい！　彼らがどう答えるかを聞きたい！」

私も見たいし、聞きたいと思っています。この時にその人たちは無感覚のままでいられるのでしょうか……。

C　いつも「喜んでいなさい」

クリスチャンの間で、「いつも喜んでいなさい」（Ｉテサロニケ五・一六）ということばほど誤解されているみことばはないかもしれません。「どんなことがあっても、常に喜ばなければなりません」と信じているクリスチャンがとても多いのです。彼らの行っている教会で、「どんなことがあっても、喜んでいなければならない」と教えられているからでしょう。「喜び」は人間にとって、重要な感情です。自分の望みが実現するとき、人は喜びを感じます。「喜び」の感情は本当に素晴らしいものです。けれども、はたして「どんなことがあっても、喜ぶ」必要があるのでしょうか。答えは、「ノー」です。その必要はありません。聖書の中に、そんな教えはないからです。

新約聖書には、満足感、充実感などを表す「喜び」に三つの言葉（ギリシア語）が使われています。

εὐφραίνω〔ユーフライノー〕、εὐφροσύνη〔ユーフロシュネー〕――何かに対して無上の喜びを感じること、他の人といっしょにいて心地よいこと、あるいは、みんなでごちそうを食べているときの至福感に使われる言葉です。「そして、自分のたましいにこう言おう。『たましいよ。これから先何年分もいっぱい物がためられた。さあ、安心して、食べて、飲んで、楽しめ』」（ルカ一二・一九、傍点筆者）。

χαρά〔カーラー〕、χαίρω〔カイロー〕――互いに尊敬し合う二人が会ったときの挨拶に使われます。さらに意味を広げて、主との出会いの喜びや、主の再臨に先立つ挨拶の意味をも表します。「御使いは、入って来ると、マリヤに言った。『おめでとう、恵まれた方。主があなたとともにおられます』」（同一・二八、傍点筆者)。

ἀγαλλίασις〔アガルリアシス〕、ἀγάλλομαι〔アガルロマイ〕——歓喜、高揚、幸せで楽しいことを表します。快適な状態によってつくりだされる感情です。嬉しい出来事に対する反応としての喜びです。四つの基本感情である喜怒哀楽の中の「喜び」は、この ἀγαλλίασις〔アガルリアシス〕、ἀγάλλομαι〔アガルロマイ〕です。

反対に「どんなことがあっても、喜ばなければならない」と教える人たちは、次の四つのみことばをよく使います。

「わたしは今みもとにまいります。わたしは彼らの中でわたしの喜びが全うされるために、世にあってこれらのことを話しているのです」(ヨハネ一七・一三、傍点筆者)。

「しかし、御霊の実は、愛、喜び、平安、寛容、親切、善意、誠実」(ガラテヤ五・二二、傍点筆者)。

「いつも主にあって喜びなさい。もう一度言います。喜びなさい」(ピリピ四・四、傍点筆者)。

「いつも喜んでいなさい」(Ⅰテサロニケ五・一六、傍点筆者)。

このみことばにある「喜び」は、ギリシア語で χαρά〔カーラー〕が使われています。この χαρά〔カーラー〕は、「どんなことがあっても、常に喜ばなければならない」という意味ではありません。「イエスがいつでも私たちとともにおられる」という喜びを表す言葉であると言うことができます。悲しんでいる人に「いつも ἀγαλλίασις〔アガルリアシス〕でいなさい」というのは間違いです。ἀγαλλίασις〔アガルリアシス〕は嬉しい出来事に対する喜びで、一時的なものだからです。

この四つのみことばを使って、「いつでも、どんなことがあっても喜ばなければならない」と信者たちに求めることは、大きな誤りです。イエスさまは、だれかの不幸を前にして喜びを感じたことはありませんでしたし、「不当行為を目の前にしたときに喜びを感じる」などということは、それこそありませんでした。[6]

家族のだれか（父、母、妻、夫、子ども）が亡くなったら、だれでも普通は深い悲しみに陥ります。そして、それを葬式の時に表すでしょう。ところが、喜びについて間違って信じているクリスチャンは、葬式の時でもその悲しみを表すことも、涙を流すこともしません。その場で「喜び」を見せながら、「なぜクリスチャンになったのか」など、力強い証しをします。牧師はそれに合わせて、キリスト教の宣伝をしたりします。葬式が伝道集会に入れ替わってしまうのです。なぜ、そんなことをするのでしょうか？　それは、「ノン・クリスチャンが葬式に来ているから、証しをしないといけない」と思っているからです。あるいは、ある人はその影響で信仰に導かれるかもしれません。けれども、そうした証しによって、つまずく人も出てくるでしょう。とりわけ、ご遺族やその親戚の中には、心を痛める人もいるでしょう。牧師や証ししている人にそのことについて尋ねると、必ずこんな答えが返ってきます。「仕方がない……彼らには理解できない……『ノン・クリスチャン』だから……」と。

D　イエスさまは泣いた！

聖書の中の一番短いみことばは、先にも触れたヨハネの福音書一一章三五節です。「イエスは涙を流された。」　ＮＫＪＶの英訳では“Jesus wept”（イエスは泣いた）です。ルイ・スゴンのフランス語訳では“Jésus pleura"（イエスは泣いた）です。短いのですが、本当に美しい言葉です。このみことばを読むとき、私はホッとします。イエスさまは計画的に涙を流したりはなさいませんでした。

イエスさまの人間性を失わせるクリスチャンの頭の中には、「ご自分が亡くなった人をよみがえらせることができることを人々が理解できなかったので、イエスは悲しみを感じ、涙を流したのだ」という解釈があります。しかし、こうした意味でイエスさまは泣いたのではありません。自分の友人であるマリアとマルタに対する深い愛とあわれみがあったので、彼女らの悲しみや苦しみに深い共感をもって泣かれたのです。人間イエスは素直に涙を流されました。私たちが愛する人を失うときに「泣く」ことの重要性を教えてくださっています。さらに、このような「つらい経験をしている人とともに泣く」という共感の重要性も教えてくださっています。イエスさまは、人が亡くなったときに、伝道集会を開くことなど望んでおられません。新約聖書には、葬式の時に「喜ぶ」こと、「伝道集会をする」ことを教えている箇所はどこにもありません。

人間にとって「泣く」ことはとても自然なことです。それは、不信仰や弱さの表れではありません。涙には、自分の悲しみや苦しみを和らげる効果があるのです。涙は人生の一部です。もしも自分の感情を表すことをしなければ、ただの機械（ロボット）になってしまいます。人間は機械（ロボット）ではありません。苦しみや悲しみを覚えるとき、それらの感情を押し殺すべきではないのです。押し殺すことで、かえって心にストレスをためることになってしまいます。そんなことが長く続けば、精神的、肉体的、霊的なダメージを受けることにもなりかねません。つらい経験から湧き出てくる感情を表すのに、「泣く」ことはとても大切なことなのです。泣くことで、精神的、肉体的、霊的にも健康になれるのです。

それでは、人がそのようにして泣いているときに、そばにいる人は何をするべきでしょうか。まず、その人の涙を大切にすることです。そして、自由に泣かせてあげるのです。そしてもう一つ重要なことは、人間イエスのようにその人とともに泣くことです。新約聖書では、そのことの大切さを教えています。「泣く者といっしょに泣きなさい」（ローマ一二・一五）、“Weep with those who weep”（ＮＫＪＶ）、“Pleurez avec ceux qui pleurent”（ルイ・スゴン訳）。

Ｅ　ひとり言

イエスさまは私たちの世界を見て、泣かれます。イエスさまは、戦争、貧しさ、あらゆる不平等を見て、泣かれます。イエスさまは、イラク、パレスチナ、シリアを見て、泣かれます。イエスさまは、悲しみや苦しみにいる人の涙を見て、泣かれます。イエスさまは、自分の人間性を失わせているクリスチャンたちを見て、泣かれます。

Ｆ　赦しについて

聖書において、「赦し」は重要な教えの一つです。ところが残念なことに、教会ではこれについても、いろいろ間違った解釈がなされてきました。牧師、長老、信徒の中には、どんなことがあっても「赦し」たら、簡単に問題は解決できる、と考えている人が多いのです。その人たちの考え方によれば、「赦し」は一つの特効薬のようなものです。それを無理にでも飲めば、すぐにすべての痛みが消えるというのです。そして何事もなかったようになるようです。信者が何かの問題で傷を受けて、そのことを牧師に相談すると、牧師はほとんど話を聞かないで、すぐに「赦し」について語り始めます。そして、こう言います。「あなたはただ赦しなさい！」「イエスのように無条件で相手を赦しなさい！」「赦したら、あなたは元気になる！」「赦したらすべて忘れることができる！」「怒る必要がない！」「人をさばいてはいけない！」と。決まり文句のようにそう言うのです。けれども、傷を受けた人はそんなに早く赦すことなどできないものです。赦すことができないでいる人に向かっては、さらにこう言います。「まだ、赦していないのか！　それはあなたに愛がないからだ！」「どうして自分の受けた傷を忘れることができないのか！　それは、まだ相手を赦していないからだ！」と追い打ちをかけるわけです。

教会学校で一人の子が他の子どもたちからいじめに遭いました。何人かが牧師や長老に相談しました。けれども、こんな二つの答えが返ってきたそうです。「イエスさまが私たちの罪の赦しのために死んでくださったので、まず○○ちゃんが、いじめた子を赦さなければならない！　このことは、神さまから○○ちゃんに与えられた試練だからだ！」

神さまは本当に、子どもにいじめの試練を与えるのでしょうか。神さまはサディストでしょうか。それで、

わざわざ子どもたちに苦しみを与えるのでしょうか。イエスさまの父なる神さまはそのような方ではありません。けれども、間違った教えによってそのような考え方が生まれてくることがあるのです。

無理に「赦し」を要求するのは残虐なことです。「ただ赦しなさい」と言って、どんな問題でも奇跡的に解決すると信じているのは大きな間違いです。すでに傷を負った人が新たな傷を受け、さらに心理的な困難に陥ってしまいます。私は立場上、「赦し」の問題で傷を受けたクリスチャンからこのような話をよく耳にしています。

「赦し」に対する間違った教えの裏には、二つの現実が隠されています。

一つめは、この本の冒頭でも述べたことですが、ローマ教皇フランシスコが呼んでいる「人への無関心の一般化」です。「ただ赦しなさい」という心の裏にある本当の意味は、「あなたの痛みを聞きたくない」、「関わりたくない」、「あなたの問題で私を困らせないでほしい」、「どこかに消えて」ということです。傷を負ったクリスチャンが、他の教会の牧師に相談しに行っても、同じことが起こることがあります。ほとんどの牧師が「赦しなさい」、「さばくな」とアドバイスします。その言葉が、相談者の心の痛みの感情を「麻痺」させます。ところが、この麻痺は、「あなたの問題には関わりたくない」、「聞きたくない」という意図に基づくものです。このような牧師らは、人の心に対して「無関心」になっているのです。「無関心」はとても便利な方法です。何もなかったかのようにして、自分の生活を続けることができます。何の妨げもなく、自分のしたい伝道を続けることができます。

二つめは、「イエスのように無条件で相手を赦しなさい！」「まだ赦せていないのか！　あなたには愛がない！」「怒る必要がない！」「相手をさばくな！」といった言葉で、信者の批判的な思考を「麻痺」させます。

信者が自分の痛みを訴えようとしても、自分自身のことを「悪者」「不信仰者」と思うようになり、何も言うことができなくなってしまいます。そのために、牧師あるいは長老らが教会の中で何か問題を起こしたとしても、信徒たちは当然のようにして彼らを「赦す」ようになるのです。

◆単純に赦すべきではない

すでに説明したように、間違った「赦し」の教えによって、信者たちは自分を傷つけた人を赦せないことが悪いと思い込んでしまうことがあります。そして、自分自身を責めます。さらに自分を傷つけた人に謝るケースが多いのです。しかし、これは正しいことではありません。傷を受けた人は、簡単に赦したり謝ったりするべきではありません。単純で有害な「赦し」を相手に与えないために、デニス・モリセット（Denis Morisette）氏は、次のような小さな作戦を勧めます。そして、この作戦を「四つのR」と呼びます。

①Responsabilite（責任）――加害者は自分の責任を認めていますか。自分のやったことを重く受けとめているでしょうか。そうでなければ、その人はもう一度同じことをする危険性があります。

②Remords（後悔）――加害者は本当に心から詫びていて、後悔しているでしょうか。傷つけたことがばれたので、仕方がなく認めているだけでしょうか。そうであれば、その人の心に問題があります。

③Reparation（償い）――加害者は被害者に対して、「それを償うためにできる限りのことをしたい」という思いを本当に持っているでしょうか。そうでなければ、その人は表面上の悔い改めをしたにすぎないのです。

④Repetition（繰り返し）――加害者は、「二度と同じことを繰り返さないために具体的に何ができるか」

と考えているでしょうか。本当に変わりたいと思っているでしょうか。そのために助けを求めているでしょうか。もしも口先だけの約束であれば、どれほど相手に迷惑を与えたのかをまだ理解していないのです。
加害者は、この「責任」「後悔」「和解（償い）」「繰り返し」を真面目に受けとめなければなりません。そうしない人を簡単に赦してしまうのは非常に危険なことです。[7]

◆聖書の「赦し」とは、どういうものか。

聖書は「赦し」について、どう教えているのでしょうか。侮辱した人（傷つけた人）に対してどんな態度をとらなければならないのでしょうか。そして、侮辱を受けた人（傷つけられた人）はどのように対応すればよいのでしょうか。順に見ていきたいと思います。

■侮辱した人が、自分の罪を認めている場合

侮辱した相手が自分の罪を認めて、悔い改め、心から謝罪する場合は、イエスさまはこのように勧めておられます。

「もし兄弟が罪を犯したなら、彼を戒めなさい。そして悔い改めれば、赦しなさい」（ルカ一七・三）。

このようなときは、お互いによく話し合うことで、早期に解決できることが多いようです。

■侮辱した人が、自分の罪に気づいていない場合

このようなときには、イエスさまはこう勧めておられます。

「もし、あなたの兄弟が罪を犯したなら、行って、ふたりだけのところで責めなさい。もし聞き入れたら、あなたは兄弟を得たのです」（マタイ一八・一五）。

侮辱を受けた人は相手に対して、はっきりと次のように伝えるとよいでしょう。

・このようなことがありました。（事実確認）
・それによって、私はこのような傷を受けました。
・私はそのことをあなたによく理解してもらいたいのです。

こう話した後で、侮辱した相手が自分の罪を理解し、悔い改めて、謝ったとしても、すぐに赦す気持ちになれないこともあるでしょう。そうであっても、それは悪いわけではありません。気持ちが整理できるまでには時間が必要だからです。そして、整理に要する時間は人によって違います。

相手を赦すことによって、和解ができることがあります。またある場合には、和解ができたとしても、再び傷を受けないように注意を要します。けれども、相手を赦すことができたとしても、必ず和解できるというわけではありません。時には、和解が不可能なこともあります。たとえば、近親相姦、暴力を振るう親、夫のDV、自己愛的な変質者[8]などです。この場合は、被害を受けた人を守るために、このような人たちと絶対に会わせるべきではありません。このことは、もっと多くのクリスチャン（牧師、伝道者、長老、信徒）が理解しなければならない重要なことです。

■悔い改めないときは、赦すべきではない

加害者がこうした態度をとる時です。
・自分が侮辱したことを絶対に認めない時。
・自分こそが被害者であると言いだす時。
・侮辱したことを認めても、それによって相手が大きな傷を受けたことを頑なに認めない時。
・侮辱したことに対して、とても曖昧な後悔をしている時。

このような姿勢は、侮辱を受けた人にとってはとても受け入れがたいものです。新たな傷を受け、さらなる苦しみが続きます。心理的につらい困難な状況の中で、心に恨みや憎しみが生まれてしまいます。こうなると、多くの場合、自分自身を責めるようにもなります。

このようなとき、「このつらい状況から自分自身を自由にするため」に、侮辱した相手を赦すべきなのでしょうか。いいえ！　そうではありません。相手が真に悔い改めていないのに、その人を赦すのは良いことではありません。

イザヤ書二六章一〇節で、イザヤはこのように教えています。

「悪者はあわれみを示されても、義を学びません。
正直の地で不正をし、
主のご威光を見ようともしません。」

マタイの福音書一八章一七節には、当事者以外の二人か三人の証人、さらに、教会の言うことを聞かないならば、「彼を異邦人か取税人のように扱いなさい」と書かれています。このみことばからイエスさまが、侮辱した人が悔い改めないときは、その人を赦すべきでないと教えておられることがわかります。

■“lacher prise”＝神さまの手に委ねること

侮辱を受けた人の多くは、加害者を赦せないのが悪いことだと思い、自らを責めています。しかし、それは間違っています。なぜなら、「侮辱した人が悔い改めない時も、侮辱された者がその人を赦さなければならない」とは、聖書のどこにも書かれていないからです。では、どのようにすれば、相手を赦すことなく、自分の傷から自由になることができるのでしょうか。それを可能にするためには、別の方法をとる必要があります。それはフランス語で“lacher prise”といい、「神さまの手に委ねること」です。

「神さまの手に委ねる」とは、具体的にどのようなことでしょうか。それには大きく分けて、二つの段階があります。

まず最初の段階は、「感情の整理をすること」です。そのためには、被害者は、適切な方法で自分の悲しみと怒りを表現する必要があります。表現することにより、内にある怒りや悲しみといった感情を自分自身の中で整理し、理解できるようになるからです。

ここで大切なことがあります。自分の感情を整理するために、ある程度の時間が必要であると認識しておくことです。必要な時間は個人差があり、皆が同じでないことも心に留めておくことが重要です。

次の段階は、自分の感情を「そのまま神さまの手に委ねること」です。正義が行われることを期待し、自分の苦しみをそのまま神さまの手に委ねるということです。神さまは不正行為を放置することをせず、必ず正しいさばきを行われます。

テモテへの手紙第二、四章一四節と一五節で、パウロはアレキサンデルという銅細工人について語っています。まず、アレキサンデルの行為によって非常に苦しんだと説明しています。その後、「そのしわざに応じて主が彼に報いられます。あなたも彼を警戒しなさい」と述べています。ここを読むと、「神さまの手に委ねること」の意味がよくわかります。最初に、パウロはアレキサンデルからされたことに対して、自分の感情をはっきりと表現しています。次に、アレキサンデルのしわざに対するさばきを神さまの手に委ねています。

「神さまの手に委ねること」によって、侮辱を受けた人は自由を経験します。けれども、相手が自由になるのではありません。侮辱した本人は、自分がしたことについて、神さまに説明をしなければならないからです。[9]

被害者は加害者に対して、直ちに「あなたを赦します」と言うことはできないものです。「赦す」こと、それは、

・無理やりに言わせることではありません。
・本人の心を操作しながら、言わせることではありません。
・恥や恐怖を植えつけながら、言わせることではありません。
・聖書のみことばをこじつけながら、言わせることではありません。

繰り返しますが、赦すためには時間が必要です。そして、人によってそれぞれ、それに要する時間が違います。本人のペースを尊重しなければなりません。イエスさまはいつも本人のペースに合わせながら、その人の心を重んじられました。

この「赦し」の話の最後に、フランス系カナダ人ジャン・バニエ氏の言葉を紹介したいと思います。バニエ氏は一九六四年に「ラルシュ」、フランス語で「箱舟」の共同体を設立しました。この中で、知的障がいや発達障がいなどの知的ハンディを持つ人々と持たない人々がともに生活しています。現在では、世界三八か国に一四九の共同体があります。

私は、一九九四年に東山荘で行われた「ラルシュ・かなの家」のリトリートに参加しました。一人の日本人女性がバニエ氏と話したとき、私が通訳をしました。その話の中でバニエ氏は「赦し」について、とても興味深いことを語っていました。「あなたは、自分を傷つけた相手を赦すことができないでいます。それをイエスさまに直接言いなさい。そうすれば、イエスさまはこう答えてくださいます。『わかりました。それでいい、来週来てください。そうでなければ来月来てください。あるいは、来年来てください』と。この言葉を聞いたとき、私は本当にホッとしました。「〝あわれみ〟の心」を持っている「海よりも深いイエスさまの愛」が伝わって

来週でもいい
来月でもいい
来年でもいい
心配するな

郵便はがき

恐縮ですが
切手を
おはりください

164-0001

東京都中野区中野 2-1-5

いのちのことば社

出版事業部行

ホームページアドレス　http://www.wlpm.or.jp/

お名前	フリガナ	性別	年齢	ご職業
		男・女		
ご住所	〒	Tel.　（　　）		

所属（教団）教会名

牧師　伝道師　役員
神学生　CS教師　信徒　求道中
その他
該当の欄を○で囲んで下さい。

アドレスを
ご登録下さい！

携帯電話 e-mail:

パソコン e-mail:

新刊・近刊予定、編集こぼれ話、担当者ひとりごとなど、耳より情報を随時メールマガジンでお送りいたします。お楽しみに！

ご記入いただきました情報は、貴重なご意見として、主に今後の出版計画の参考にさせていただきます。その他、「いのちのことば社個人情報保護方針（http://www.wlpm.or.jp/info/privacy/）」に基づく範囲内で、各案内の発送などに利用させていただくことがあります。

いのちのことば社＊愛読者カード

本書をお買い上げいただき、ありがとうございました。
今後の出版企画の参考にさせていただきますので、
お手数ですが、ご記入の上、ご投函をお願いいたします。

書名	

お買い上げの書店名

町
市　　　　　　　　　　　　書店

この本を何でお知りになりましたか。

1. 広告　いのちのことば、百万人の福音、クリスチャン新聞、成長、マナ、
　信徒の友、キリスト新聞、その他（　　　　　　　　　　）
2. 書店で見て　3. 小社ホームページを見て　4. 図書目録、パンフレットを見て
5. 人にすすめられて　6. 書評を見て（　　　　　　　　　　）
7. プレゼントされた　8. その他（　　　　　　　　　　）

この本についてのご感想。今後の小社出版物についてのご希望。

◆小社ホームページ、各種広告媒体などでご意見を匿名にて掲載させていただく場合がございます。

◆愛読者カードをお送り下さったことは（　ある　初めて　）
ご協力を感謝いたします。

出版情報誌　月刊「いのちのことば」1年間　1,200円（送料サービス）

キリスト教会のホットな話題を提供!（特集）
いち早く書籍の情報をお届けします！（新刊案内・書評など）

□見本誌希望　□購読希望

きます。

1　Matthieu Ricard. 一九四六年、フランス生まれ。分子生物学者であり、チベットで仏教修行の道に入る。
2　Francesco, *Le nom de Dieu est misericorde*, p. 114.
3　ヘンリ・J・M・ナウウェン『差し伸べられる手』三保元訳、女子パウロ会、七五頁。
4　エリザベス・キューブラー・ロス『死ぬ瞬間――死とその過程について』鈴木晶訳、読売新聞社、一九九八年。
5　Pasteur Christophe Deville による Les 7 étapes du deuil.
6　Jacques Poujol, Valerie Duval-Poujol, Denis Guillaume, *Les 10 cles de la relation d'aide*, Editions Empreinte Temps present, pp. 53-54.
7　デニス・モリセット（Denis Morisette）のホームページによる。http://denismorissette.com/
8　自己愛的な変質者――相手に共感できない。相手の気持ちを考えない。いつでも自分のことばかり、相手を本当の意味で愛することができない。自分の利益のために相手を利用する。相手もまた自分と同じようにさまざまな感情や考え方を持つ人間であると絶対に認めない。
9　*Les 10 cles de la relation d'aide*, Editions Empreinte Temps present, pp. 61-62.

第5章　「〝あわれみ〟の心」を窒息させる危険な思考システム

「人の思考停止は支配者の喜びである。」――アドルフ・ヒトラー

A　三つの危険な思考システム

クリスチャンにとって、「〝あわれみ〟の心」を持つことはとても重要です。けれども、危険な思考システムによって、「〝あわれみ〟の心」は窒息状態にされます。そのシステムの特徴はどういうものでしょうか。

◆「教会は善、一般の世界は悪」

「教会は善、一般の世界は悪で、牧師は絶対に正しく、一般の世界は絶対的に間違っている」というものです。この考え方では、教会や牧師は神側、それ以外はサタン側ということになります。これは「二元論」の上に成り立っています。

この思考システムに入ってしまうと、教会のメンバーたちの頭の中は、「善と悪」、「白と黒」、「信頼でき

る側とできない側」という極端な二極思考になっていきます。これは、教会の牧師やその教会が所属する教団による聖書の教えに基づいているので、教会のメンバーの考え方全体に影響を与えます。

そしてその教会のメンバーは、「神さまのために聖なる戦いを行っている」と思い込んでいます。「時間がないサタンは一般社会を支配していて、その影響があらゆるところに及んでいる」と思っています。具体的にはこんなところです。

・すべてのノン・クリスチャンの考え方の中に。
・住んでいる国の文化の中に。
・住んでいる国の宗教の中に。
・クリスチャンになる前に受けた教育の中に。
・一般社会の音楽、映画、マンガ、テレビ、ラジオ。

こうした一般の社会の中に悪がある、と言うのです。

このような教会のメンバーの考え方は非常に狭くなります。そして、牧師あるいは教団の指示によってだけ活動する人間になっていきます。彼らは、「多くの人がサタンから救われるために伝道しなければならない」、「そのためには大きな教会を建てなければならない」、「できるだけ一つの共同体を作り、すべてのメンバーを一般社会から断絶させなければいけない」と考えます。そのために、子どもたちには普通の学校や大学へ行かせず、教会の中でのみ教育をしようとします。

こうして、教会のメンバーとその子どもたちは一般社会の中で生きられなくなります。この思考システムの枠の中だけでしか生活ができないのです。そして、そこにはいろいろな禁止事項があります。

たとえば、音楽では、エンヤ（アイルランドの歌手、作曲家、音楽家）の曲の中に悪霊がいるので、そのCDを捨てなければなりません。「ワンピース」というマンガの中に悪霊がいるので、それを捨てなければならないのです。ディズニーのアニメーション映画を見るのももちろんダメです。それらもサタンのものだからです。彼らは、「『アナと雪の女王』という映画はレズビアンの宣伝をしている」と言います。「トナカイと生活する若い男性はなぜ結婚しないのか。それは獣姦を宣伝するため」だという不可解な理由づけをするのです。ディズニーの映画を観た子どもは、そのことを牧師に告白して、悔い改めなければなりません。

「二元論」に基づくこの考え方のもう一つの大きな特徴は、教会・教団や牧師に対する批判的な情報を聞いても、「その批判のほうが間違っている」とすぐに思い込んでしまうことです。かえって、教会・教団そして牧師がどんなことを言ったとしても、またどんな教えを述べていても、「これは正しい」と思い込んでいます。

このような教会・教団の学校に行っていた高校生は、こんな証言をしています。「フリー・スクールの先生の教えに疑問があったので、質問したのです。そして、自分の考え方が先生の考え方と違うことを伝えました。」それに対する先生の答えはこうでした。「君は霊的におかしくなった！」「君のその疑いは不信仰だ！」さらに「君は、この学校から離れた子から悪い影響を受けている！」と。

そんな先生たちは、「教会から離れる人たちはみな悪だ」と決めつけています。「彼らは霊的におかしくなった！」や「この教会に来るのは神の御心ではなかった！」と言います。

◆現在よりも過去が高く評価される

この思考システムでは、現在よりも過去が高く評価されています。ジャン・カルヴァン、ジョン・ウェスレー、ハドソン・テーラー、ジョナサン・エドワーズ、ウィリアム・ブースら、信仰のヒーローたちの福音宣教の考え方と働きの方法を語ります。それが一番正しいと思っているからです。このシステムの考え方では、その時代のクリスチャンと現代のクリスチャンの信仰を比較し、必ず現在のクリスチャンの信仰の価値を下げます。よくこう言います。「昔のクリスチャンは、たくさんの苦労がありましたが、多くの恵みを受けました。彼らの働きは神さまから大きな祝福を受けました。しかし、今のクリスチャンたちは……」と。

この枠の中にいるクリスチャンは、現代社会を否定的に見ています。現代社会から影響を受けないために、自分の思考システムを固く守ります。現代社会にいながら、別の時代に生きています。そして礼拝の流れ、祈り、賛美はその時代のものを取り入れます。ジョン・ウェスレー、ハドソン・テーラー、ジョナサン・エドワーズ、ウィリアム・ブースのようにリバイバルを起こしたいという思いがあるからです。そのために、

「信仰のヒーローたちのように強い信仰を持たなければならない！」「よく祈らなければならない！」などと言います。けれども、現代社会やその中で生きている人たちのことを理解することができません。その時代錯誤の影響で、リバイバルも起こりません。それについて、彼らは「信仰が足りない！」「祈りが足りない！」、「教会生活をちゃんと守っていないから！」という理由づけをします。この枠の中では、「福音を宣べ伝えるための新たな考え方」は必ず否定されてしまいます。

◆「支配者」のように

マタイの福音書二三節八節に、「しかし、あなたがたは先生と呼ばれてはいけません。あなたがたの教師はただひとりしかなく、あなたがたはみな兄弟だからです」と書かれています。イエスさまはこの言葉を通して、教会の責任や権威の排除を教えておられるのではありません。権威主義や虚栄心を批判しておられるのです。権威主義と虚栄心とでは前者のほうがより深刻です。後者は、自分を実質以上に見せようとするものですが、前者は、教会において「イエスの権威」を奪おうとするものだからです。教会のメンバーが牧師に敬意を払うのは大切なことではありますが、牧師はイエスさまや神さまになり代わることができません。イエスさまと同等の存在でもありません。けれども、自分が特別な存在であると思っている牧師たちがいるのです。彼らは「支配者」のように絶対的な存在となり、「ピラミッド型」の思考システムで自分の教会を指導します。

ピラミッド型の思考システムでは、横の関係は全く許されません。縦の繋がりのみを重視します。その関係の中で牧師あるいは牧師家族がすべてを支配します。教会のメンバーは牧師の許可がなければ、何も決めることができません。

教会のメンバーは毎週、多くの集会に出なければなりません。出席しないと批判されます。その集会で聖書を学びます。しかしそこでは、聖書を学ぶというよりも、牧師の聖書の解釈を教えられます。その学びでは「牧師の権威」についての話が多いのです。そして、「牧師の権威に逆らうのは罪である」ということが教え込まれます。

そのために、いろいろなみことばが引用されますが、ほとんどこじつけと言ってよいものです。その例を一つ紹介しましょう。ローマ人への手紙一三章一節と二節です。ここでパウロは、「人はみな、上に立つ権威に従うべきです。神によらない権威はなく、存在している権威はすべて、神によって立てられたものです。したがって、権威に逆らっている人は、神の定めにそむいているのです。そむいた人は自分の身にさばきを招きます」と言っています。ここで注意しなければいけないのは、パウロは、「教会の牧師の権威」について話しているわけではないということです。「ローマ帝国の司法や警察権」について語っているのです。ピラミッド型の思考システムを用いている牧師は、それを自分自身にすり替えて、服従を勧めます。これは大きな間違いです。聖書は、権威に対して絶対服従をも教えていません。そして、イエスさまは権威主義に対して反対しておられます。

このように、みことばをこじつけることによって、牧師たちは教会のメンバー自身の考え方を奪い取っていくので、教えを受けた人はなかなか現実を見ることができなくなってしまいます。牧師が間違いを起こしたとしても、「牧師に従うならば、神さまは祝福を与えてくださる」と信じ込んでしまいます。教会のメンバーは、牧師の望みどおりにすれば誉められ、望みどおりにしない場合は批判されて、「信仰が弱い！」「努力をしていない！」「祈りが足りない！」などと言われるのです。

先ほど少し触れましたが、牧師だけでなくその家族も、支配に関わることがあります。その牧師の父親あるいは母親が、そこを牧会していたというケースが多いようです。彼らは「引退する」という言葉の意味を全く理解しないで、「名誉牧師」などの立場を誤用し、教会の支配を続けます。

牧師一家はこのような管理システムをつくりだして、教会のすべてを管理するようになります。教会の活動（奉仕）、献金の使い方、役員会などすべてをです。

だれが役員になるのかも彼らが決めます。必ず自分たちの考え方に倣う人たちを選びます。

教会の活動（奉仕）でも、完全に支配することを目的として、牧師の妻や子どもたちがリーダーになります。

B　三つの思考システムの共通点

現在、世界中に、このような思考システムに加わっている教会、そのボーダーライン（境界線）にある教会、あるいはその一部を取り入れている教会があるようです。それらの教会には、いくつかの共通点があります。それは次のようなものです。

・自分たちの教会は「一番祝福された正しい教会」だと言います。

・クリスチャンの中で自分たちが「一番エリート」だと言います。（「賛美、祈り、教会の奉仕について、自分たちが一番できる！」などと）

・聖書を理解するのに自分たちの神学が「一番正統」だと言います。（聖霊とその働き、十字架、再臨など）

・メンバーは自分の本来のアイデンティティーではなく、教会の思考システムによってアイデンティティーが成り立つと考えます。そして、教会の思考システムと人間関係とをすり合わせます。「私」よりも、「私たち」という言葉をよく使います。「私たちの教会」、「私たちの牧師」、「私たちの神の働き」、「私たちはこう思う」、「私たちはこう感じている」などと。

しかし、すでにこの本で説明したように、「私」という一人称代名詞を使うのはとても重要なことです。それについて書き加えたいと思います。

アイデンティティーとは、自分が自分自身のことを「どのように見ているか」、「どのように感じているか」、「どのように評価しているか」ということを、だれかに言われたというのでなく、自分自身によって自分の中に位置づけられたものをいいます。それは、いろいろな人との出会い、いろいろな考え方、種々の出来事によって形成されていきます。一つのモザイクのようなものです。より良い生き方をしていくためには、自分のアイデンティティーを理解することが非常に重要です。自分のアイデンティティーをもって生きていくためには、自分のルーツ、自分の賜物、自分の気質を発見し、そうした自分をどのように受けとめ、それらをどのように自分の中で一貫させていくかがとても大切です。

イエスさまの福音は、人間一人ひとりの中に存在するモザイクを否定するのでなく、逆に、それらを調和させます。パウロは、自らのアイデンティティーをどのように表現しているでしょうか。次の三つのみことばを見てください。

「パウロは答えた。『私はキリキヤのタルソ出身のユダヤ人で、れっきとした町の市民です。お願いです。この人々に話をさせてください』」（使徒二一・三九）。

「私はキリキヤのタルソで生まれたユダヤ人ですが、この町で育てられ、ガマリエルのもとで私たちの先祖の律法について厳格な教育を受け、今日の皆さんと同じように、神に対して熱心な者でした」（同二二・三）。

「彼らがむちを当てるためにパウロを縛ったとき、パウロはそばに立っている百人隊長に言った。『ローマ市民である者を、裁判にもかけずに、むち打ってよいのですか。』これを聞いた百人隊長は、千人隊長のところに行って報告し、『どうなさいますか。あの人はローマ人です』と言った。千人隊長はパウロのところに来て、『あなたはローマ市民なのか、私に言ってくれ』と言った。パウロは『そうです』と言った」（同二五〜二七節）。


ここでパウロが伝えた自分のアイデンティティーは、次のようなものです。
・私はキリキヤのタルソ出身のユダヤ人である。
・私はエルサレムで育った。
・私はガマリエルのもとで先祖の律法について厳格な教育を受けた。
・私はローマ市民権を持っている。
パウロは、自分のルーツ、出身、教育を受けた環境などのモザイクによって作られた自らのアイデンティティーを非常に大切にしていました。それらが自分自身の一部であるとも主張しています。[1]

聖書では、「ある思考システムと合わせて、同じアイデンティティーにならなければならない」などと教えられていません。イエスさまもそんなことを教えていないどころか、全く望んでもおられないのです。

C 精神的、霊的ハラスメント

◆思考停止

思考停止とは何でしょうか。それは、考えるのをやめることです。あるいは、一つの出来事に対する判断をあきらめることであり、その出来事を無批判に受け入れることです。加害者が人の考え方や行動について恥をかかせ、さらに恐怖を植えつけたら、その被害者は何も言うことができなくなります。

◆批判の禁止

「批判」という言葉は、フランス語では Critique〔クリティク〕といい、ラテン語の Criticus〔クリティクス〕から来ています。古代ギリシア語の κριτικός〔クリティコス〕(判別することができる、判断することができる)が語源です。簡単に言うと、「ふるいにかける」という意味です。

批判は別に悪いことではありません。問題を感じる時、あるいは疑問がある時は黙っていてはなりません。それらを「ふるいにかける」必要があります。信仰者は、「なにかおかしい」と思う時には質問するべきです。そして、その疑問について、語る相手に確認をとるのは欠かせないことです。

たとえば、牧師や伝道者が聖書の何かを教えるとき、それが本当にそのとおりかどうかを聖書によって調べるのは信仰者の権利と自由です。ベレアの教会の人たちは、パウロが教えたことにどのような態度をとったでしょうか。使徒の働き一七章一一節に、「ここのユダヤ人は、テサロニケにいる者たちよりも良い人たちで、非常に熱心にみことばを聞き、はたしてそのとおりかどうかと毎日聖書を調べた」と書いてあります。

このみことばを読むと、ベレアの教会の人たちが「毎日」、パウロが教えたことをふるいにかけていたことがわかります。一回だけでなく「毎日」、これを行ったというのです。それに対して、パウロは自らの立場を利用して、毎晩一人ずつベレアの教会の人たちの家へ行き、「あなたの行動は不信仰だ！」「あなたの信仰は弱い！」「あなたは信仰が足りない！」「あなたは神さまに逆らっている！」「あなたは神さまを悲しませている！」「神さまの祝福を失う！」と言ったでしょうか。彼はそんなことはしませんでした。

ところが、危険な思考システムに加わっている教会、そのボーダーライン（境界線）にある教会や、その一部を取り入れている教会の牧師あるいは伝道者たちは、そのようなことを行います。自分たちの考え方や教えに疑問を持つ教会の人を許しません。そして、家にまで行って、その人を批判します。

こんなことがありました。

ある牧師が「教会のメンバーがひとりで聖書を勉強するのは罪である」と教えていました。それに対してBさんは、そのことに疑問を持ったので、家で聖書を調べました。そして、聖書はそんなことを教えていないとわかりました。Bさんはそれについて牧師に話しましたが、激しく責められてしまいました。そして牧師はBさんに「あなたは不信仰だ！」「あなたは神さまに逆らっている！」などと強く言ってきました。あまりにも強烈だったので、Bさんは教会を休みました。休んだときにその教会の名誉牧師がBさんの家まで訪ねて来ました。そして、同じようにBさんを強く責めたそうです。さらに「あなたは霊的におかしい！」「あなたは祝福されない！」などの言葉をあびせました。Bさんはショックがあまりにも大きかったので、一時期うつに陥ってしまいました。その後、教会から離れました。それについて牧師と名誉牧師は教会の他のメンバーたちに、「Bさんは霊的におかしくなった」ので、教会から離れたと説明しました。教会のメンバーたちは牧師と名誉牧師の説明をそのまま受け入れたそうです。

◆間違った罪責感

この話を振り返ると、明らかに問題があります。それは「間違った罪責感」をつくりだすということです。これがつくりだされるのは、次のような時です。

①「ひとりで聖書を読んだり学んだりすることは罪である」と牧師が教える時。
②「教会のメンバーが牧師の教えを確認するために聖書を調べること」を牧師が許さない時。
③「教会のメンバーが牧師の教えに対して疑問を持ち、質問すること」を牧師が許さない時。

「ひとりで聖書を読んだり学んだりすること」、「疑問を持つこと」、「確認するために聖書を調べること」、「疑問に対して質問すること」などは、「不信仰」や「神さまを汚す」ことではありません。それは「罪」ではないのです。聖書はそんなことを教えていません。こうした教えは全くの間違いです。そして、この間違いによって「間違った罪責感」が生みだされるのです。

④牧師あるいは名誉牧師が、教会のメンバーの考え方をコントロールするために強烈な圧力をかける時。

こうした牧師や名誉牧師は、「間違った罪責感」を持たせ、強烈な圧力を加えることによって、二種類のハラスメントを行います。「精神的ハラスメント」と「霊的なハラスメント」です。間違った罪意識を植えつけるために、教会のメンバーは罪責感を感じ、牧師に対して失礼な行動をとったと思い込んでしまいます。その罪責感によって、強い羞恥心を覚えます。そして、精神的に不安定な状態に陥るのです。

「あなたの行動は不信仰だ！」「あなたの信仰は弱い！」「あなたの信仰が足りない！」「あなたは神さまに逆らっているのだ！」「あなたは神さまの祝福を失う！」「あなたは神さまから祝福されない！」「神さまはあなたのことを悲しむ！」「あなたは霊的におかしいのだ！」　こうした発言はとても乱暴なものですが、みな同じことを意味しています。それは、「あなたはダメだ」というレッテルを貼るということです。こうされることで、教会のメンバーは「自分の信仰が悪い」、「神さまに対してとんでもない罪を犯した」と思い込みます。羞恥心も肥大していきます。そして、神さまの祝福を失うことは大きな恐怖となり、霊的にも非常に不安定な状態に陥ります。最終的に、羞恥心や恐怖があまりに強くなって、何も言うことができなくなってしまうのです。

このように、危険な思考システムを導入している牧師たちは自らの立場を利用しながら、教会のメンバーを思考停止状態にさせ、そして自分に従わせるようにします。しかし、こうしたことは、イエスさまの教えや聖書の語っていることとは、全くの無関係です。残念ながら、日本だけでなく全世界のキリスト教会で決して少なくない数の牧師や伝道者たちが、このような許しがたいことを行い、教会のメンバーの人権や尊厳を侵害しているのです。

D　イエスとトマス

疑うことは「不信仰だ！」と教えるために、ヨハネの福音書二〇章一九節から二九節までがよく使われます。イエスさまがよみがえってから、初めて弟子たちに現れたときの話です。イエスさまが弟子たちの前に現れたときに、トマスはそこにいなかったため、他の弟子たちの証言を疑い、主の復活を信じようとしませんでした。そしてこう言いました。「私は、その手に釘の跡を見、私の指を釘のところに差し入れ、また私の手をそのわきに差し入れてみなければ、決して信じません」と（二五節）。その八日後にイエスさまは、今度はトマスを含めた弟子たちの前に現れました。そしてトマスとの間にこんな会話がありました。

「（イエスさまは）それからトマスに言われた。『あなたの指をここにつけて、わたしの手を見なさい。手を伸ばして、わたしのわきに差し入れなさい。信じない者にならないで、信じる者になりなさい。』トマスは答えてイエスに言った。『私の主。私の神。』　イエスは彼に言われた。『あなたはわたしを見たから信じたのですか。見ずに信じる者は幸いです』（二七～二九節）。

間違った考え方を持つ牧師たちは、「疑うことは不信仰だ！」と教えるために、この二九節を特に使います。確かにイエスさまは、「見ずに信じる者は幸いです」と言いましたが、ここで「見ないで信じる人たちの信仰は一番正しい！」と教えておられるのでしょうか。そして、「見たから信じたのですか」と言ったときに、「見て信じた人たちは不信仰だ！」と教えておられるのでしょうか。イエスさまはそのような狭い考え方をしておられません。「〃あわれみ〃の心」をお持ちで、疑う人の心をもありのまま受け入れてくださいます。そして、心の中に疑いがなくなるために自由に確認させ、自分を触らせ、赦してくださるのです。イエスさまの愛はそのように素晴らしいものです。いろいろなタイプの信仰者がおり、だれが一番正しくて正しくないのかなどと言うことはできません。イエスさまはどんなタイプの信仰者でも受け入れてくださいます。

トマスの話を使って、クリスチャンはみな、このことを常に心に留めておく必要があります。

だされる罪責感も間違っているのです。「疑うことは不信仰だ！」と教えるのは間違っています。そして、そこからつくりだされる罪責感も間違っているのです。

人が真理を探し求めるとき、そこに必要なのは忠実さ、信頼、誠実さです。真理は人に幸福を与えるものであり、私たちは誠実にこれを求めるべきです。そして真理を見いだしたときには、それを信じることでしょう。また、真理を追求するうえで、自分の実際の行動と考え方がそれと軌を一にしているかどうかを常に検討するべきでしょう。クリスチャンには、この誠実さが必要です。疑問があるときには、それについて質問し、確認することです。自分が納得するまで、それを続けるべきです。これは決して不信仰ではありません。これは健全な信仰であると言えます。

E　このような表現を使うときは危険！

◆「〇〇さんは霊的におかしくなった！」

先ほど、牧師と名誉牧師が教会のメンバーに「Bさんは霊的におかしくなった！」と報告し、教会の人たちがその説明をそのまま受け入れたという実例を紹介しました。通常なら、説明を聞き、それを自分で理解してから、受け入れるでしょう。けれども、理解しないで、受け入れているとすれば、それは非常におかしなことです。理解していたなら、それについて自分できちんと説明ができるはずです。けれどもその教会のメンバーに「なぜBさんは教会から離れたのか」と尋ねると、みな同じ答えをします。「Bさんは霊的におかしくなった！」と。ところが、具体的に「どのようにしてBさんは霊的におかしくなったのか」と聞くと、彼らは答えることができないのです。

他のある教会でも、教会を離れた人に対して、この表現が使われていました。そして、そこのメンバーにBさんの教会のメンバーと同じ質問をすると、やはり答えることができないのです。

「霊的におかしくなった」とはどういう意味でしょうか。こう話すクリスチャンは本当に人の霊を見ることができるのでしょうか。霊を見るための特別な賜物あるいは眼鏡があるのでしょうか。

「〇〇さんが霊的におかしくなった」と言うクリスチャンに質問をしても、だれも答えることができません。そしてなぜ、その人に対してそう言えるのかと尋ねると、「牧師がそのように教えたから」と答えます。「〇〇さんが霊的におかしくなった」という言葉は教会のメンバーに、どんなイメージを与えるのでしょうか。「霊的におかしくなった」人は悪だという印象です。もう同じ仲間ではないのです。

さらに「神を汚した人」という意味もあります。これは決定的なことなので、教会のメンバーは、「霊的におかしくなった」ということを考える必要がなくなります。結局のところ、牧師と教会のメンバーは何も問題がないということです。すべては、「霊的におかしくなった」人の責任だと結論づけることになるのです。責任を当人だけに押しつければ、教会のメンバーは安心を得ることができます。自分には何も問題がないことになるからです。

「霊的におかしくなった」という表現は、教会から離れた人だけに使われているわけではありません。いろいろなところで乱用されています。たとえば、こうです。

・牧師や伝道者の教えに疑問を持った時。
・教会の歩みの考え方が違ってきた時。
・ひとりで聖書を勉強し始めた時。
・クリスチャンでない人と結婚した時。
・学校のクラブ活動をやめない時。
・教会のフリースクールではなく、普通の学校に行くと決めた時。

このリストはさらに続いていくことでしょう。

このようなことが、「霊的におかしくなった！」という確実な根拠になるのでしょうか。そして、そのことを証明できるのでしょうか。「○○さんは霊的におかしくなった！」と言うだけでは、その根拠と証明にはなりません。牧師がそう言っても、それを聞いた人たちが、こうしたことを曖昧なままにして、具体的に確認しないのは非常に危険なことです。ところがその人たちは確認しません。この表現で満足して、現実に対して思考停止しているのです。そして、牧師は、メンバーの心を一つの否定的なイメージの中に閉じ込めるために、こうした表現を用いているのです。本当に恐ろしいことです。

「あなたは霊的におかしくなった」と言われたことで、多くのクリスチャンは深い傷を心に受けています。そして、いまだにこの傷が消えないままで生活しています。現実的には、彼らは霊的に何もおかしくなっていないにもかかわらず……。

◆「神の御心！」「神の御心ではない！」

数年前に起こった出来事ですが、ある教会のメンバーたちが伝道のために行っていた国で誘拐され、殺害されました。その後、教会の関係者らは、「殺害されたのは残念なことですが、これは『神の御心』だったのです」と言いました。ところが調べていくうちに、ある事実がわかりました。実は、彼らが滞在していた国の政府は前もって、教会の関係者にここに来て伝道するのに生命の保証はできないと警告していたのです。教会が派遣を考えていた地域は非常に危険だったからです。けれども、教会の関係者らはこれを無視しました。そして、派遣された教会のメンバーたちは誘拐され、殺害されてしまったわけです。

先ほどのBさんの教会の牧師も同じことを言っています。「Bさんが私たちの教会に来たのは、神の御心ではない、神の御心ではなかった！」と。

ヨハネの手紙第一の五章一七節でヨハネは、「不正はみな罪です」と述べています。新共同訳では「不義はすべて罪です」と訳しています。ルイ・スゴルのフランス語訳では、“toute injustice et un peche”（すべての不当な行為は罪です）[2]となっています。神さまは不当な扱いをなさいません。殺害された教会のメンバーは、そんな危険な地域に遣わされるべきではありませんでした。これは明らかに不当なことです。そして、彼らの死は不当な扱いによるものです。Bさんの受けた精神的、霊的「ハラスメント」はまさに不当な行為です。それによって、Bさんは教会から離れました。
第4章で、いじめを受けた子どものことについて書きました。このとき牧師は、「それは神から○○ちゃんに与えられた試練なのだ！」と言いました。神さまから与えられた試練であれば、それは「神の御心だ！」ということです。しかし、いじめは不公正なことです。

マルコの福音書一〇章一三節から一六節には、「イエスさまが子どもを祝福する」話が記されています。そして一三節にこうあります。「さて、イエスにさわっていただこうとして、人々が子どもたちを、みもとに連れて来た。ところが、弟子たちは彼らをしかった」と。イエスさまはそれを見て、弟子たちを怒りました。そして、一四節、一五節でこう言われました。「子どもたちを、わたしのところに来させなさい。止めてはいけません。神の国は、このような者たちのものです。まことに、あなたがたに告げます。子どものように神の国を受け入れる者でなければ、決してそこに、入ることはできません。」その後、イエスさまは一六節でこのような行動をとられました。「子どもたちを抱き、彼らの上に手を置いて祝福された」と。

一四節でイエスさまの使っている「子どもたち」は、ギリシア語で*παιδία*〔パイディア〕です。*παιδία*〔パイディア〕は七歳から一四歳の子どもを指します。もしかしたら、もう少し若いかもしれませんが、それについては神学者たちの間で考え方が分かれています。

イエスさまの時代では子どもは、大人から軽視されていました。無力であり、無能であり、役立たずで厄介者だとみなされていました。モーセの律法を十分に知らなかったために、いわばアウトローとして扱われていました。病人、女性、奴隷たちのように除外されていたのです。弟子たちにもこうした偏見があったようです。

けれども、イエスさまはこうした態度をお許しになりませんでした。イエスさまにとって、このことは不当な扱いでした。イエスさまはそれに激しく憤っておられました。παιδία〔パイディア〕は小さな者であり、弱い者です。子どもたちにも他の疎外されている人と同じように神の国に入る権利があるとイエスさまは語られます。παιδία〔パイディア〕たちを歓迎し、祝福されます。それに対して、子どもたちを邪魔者扱いする人に対しては憤りをあらわにされます。

多くのクリスチャンは私も含めて、イエスさまは神であると信じています。そうであれば、二十一世紀の現在になって、この神さまが一人のπαιδία〔パイディア〕に、いじめという試練を与えるでしょうか。この試練は「神の御心である」と言えるのでしょうか。

あの殺害されたメンバーたち、Ｂさん、いじめられた子どもはみな、不当な扱いを受けた犠牲者です。これら不当な行為は「神の御心」や「神の御心ではない」ということとは全く無関係です。この二つの表現は「○○さんは霊的におかしくなった！」と同様、曖昧な意味で使われています。恐ろしいのは「神」という言葉の使い方です。「神」が主語になります。「神の御心」、「神の御心ではない！」と言われるとき、この「神の」という言葉は人の心の中に、どういうイメージを抱かせるのでしょうか。「それは『神の』望みである。『神が』決めたものだ。『神から』与えられたものである。『神による』のであるから私たちは何もできないし、責任もない。すべては、神とその人との間の問題である。」これが決定的な結論になるため、教会のメンバーは自分で考える必要がなくなります。「○○さんは霊的におかしくなった！」という表現を使うときと同じことになるわけです。

◆「祈りが足りない！」「愛が足りない！」

この二つの表現が一つの決まり文句のように、よく使われています。そこで、読者に理解していただくために、三つの例を紹介しましょう。

①ある牧師は説教の中で、「私は、神さまからヴィジョンを示された！」「新しい会堂を立てなければならない！」「その新しい会堂を通して、私たちの町でリバイバルを起こさなければならない！」と語りました。さらに、「このヴィジョンが実現するために皆さんの祈り、経済的協力、時間が必要だ」と言いました。ところが、新しい会堂を建てるために、いろいろなところで壁にぶつかるようになりました。なかなかスムーズに進みませんでした。牧師は教会のメンバーに向かって、「なぜうまくいかないのか、それは、皆さんの祈りが足りないことと、皆さんの愛が足りないからだ」と言い、「とにかくこれが、私に神さまが示してくださったヴィジョンなのだ！」と語りました。

②あるクリスチャンの女性の夫が洗礼を拒否しました。そのとき、牧師夫人は彼女に「あなたの祈りと愛が足りない」から、「あなたは神さまの望んでおられることがわからないのですよ！」と言いました。

③一人の高校生は、日曜日も部活動があったため、なかなか礼拝に参加できませんでした。本人は日曜日の礼拝を厳守することよりも、部活動を続けることを選びました。そのとき牧師は、「あなたには祈りと愛が足りない」と言い、さらに「祈れば、礼拝厳守は神さまの御心であるとわかるはずだ！」と追い打ちをかけました。

ほかにも似た例はまだまだたくさんあります。

同じような経験をしたクリスチャンはこう話しています。「あまりにも愛と祈りの足りなさを言われたので、私は本当に愛がなく、神さまに対して罪を犯しているのだと思うようになりました。そして、強い羞恥心を覚え、深く落ち込みました。さらに恐怖心まで覚えるようになりました。『また、同じことを言われるかもしれない』と思い、最後には思考力もなくなりました。」

「祈りが足りない！」や「愛が足りない！」と語られている人の心の中では、どのようなイメージを持たされてしまうのでしょうか。自分自身、そして自分の信仰が悪いと思い込みます。そして、「あなたは神さまの望みがわからない！」や「祈れば、これは神さまの御心であるとわかるはずだ！」という表現によって、その人は神さまに対して罪を犯しているのだと思い込みます。そういうことから本人は強烈なストレスを受け、先に証言したクリスチャンのような心理状態に陥ります。

もう一人のクリスチャンがこんな話をしてくれました。「新しい会堂建設のための額があまりにも高かったので、牧師にそのことを話しました。すると牧師はたいそう怒って、こう言ったのです。『あなたには愛が足りない！　あなたの考え方を神さまはお喜びにならない』と。しばらくの間、何度も同じように牧師が私のことを攻撃してくるため、自分の考え方が間違っていると思うようになりました。牧師のあの言葉は私を思考停止させたわけです。」

「祈りが足りない！」「愛が足りない！」の表現は、一つの決まり文句のようになっています。何かあると、必ずといってよいほど、こうした言葉が使われます。「神さま」を主語にする表現も同じです。これらは実は非常に曖昧な表現です。なぜ曖昧なのでしょうか。具体性が全くないからです。どうして、どのように祈りが、愛が足りないのかの説明がありません。漠然と「足りない」と言われているだけなのです。

・神さまはお喜びにならない。
・神さまの望んでおられることがわかっていない。
・神さまが示してくださったヴィジョンだ。
・神さまからヴィジョンを示された。

こうした言葉は、だれが語ったものでしょうか。神さまでしょうか。それとも、自分の立場を利用する人たちでしょうか。勇気を持って、この重要なことを確認する必要があります。

F　〝あわれみ〟は相手に対して責任を伴う

第4章では、イエスさまが泣いたことを述べました。もう一度、そのことについて考えたいと思います。ラザロは亡くなったとき、マリアといっしょに来たユダヤ人たちも泣いていました。イエスさまはそれを見て、霊の憤りを覚え、心の動揺を感じ、「彼をどこに置きましたか」と言われました。ユダヤ人たちは、「主よ。来てご覧ください」と答えました。その後、「イエスが泣いた」とヨハネの福音書一一章三三節から三五節に書いてあります。

人間イエスは、愛する人が亡くなるとき、それによって人がどれほど苦しく悲しい思いをするのかを深く感じておられました。そして、マルタ、マリアと他のユダヤ人たちの心と一つになってお泣きになりました。悲しみの中で苦しんでいる人たちと一つになって泣かれたのです。悲しみの中で苦しんでいる人を愛し、関わりを持つことは、〝あわれみ〟の心から必然的に生まれるものです。イエスさまの涙は、その当然の責任とも言えるものを教えています。四つの福音書には、つらい状況の中にいる人たちに対して、イエスさまの〝あわれみ〟がよく伝えられています。イエスさまはクリスチャンに、その責任がどういうものであるかを自覚してほしいと思っておられるのです。けれども、イエスさまがマルタやマリアとともにいた涙を流すユダヤ人たちに向かって、「あなたがたに祈りが足りず、愛が足りないから、神の御心がわからないのです。祈っていたらわかるはずです」と語られたら、どうなっていたでしょうか。

もしもイエスさまが、マルコの福音書一章四〇節に出てくるツァラアトに冒された人に向かって、「それは仕方のないことです。わたしには何もできません。それが神の御心です」とお答えになったとすれば、どうなっていたでしょうか。

もしもイエスさまがルカの福音書七章二節に出てくる百人隊長に対して、「わたしには何もできません。これは、神の御心ではありません」と言われたとすれば、どうなっていたでしょうか。

イエスさまがこのような邪悪な表現をしておられたのであれば、四つの福音書は大きく変わってきたでしょう。だれにも、〝あわれみ〟から生まれる「当然の責任」を理解できなかったでしょう。それほど、こうした表現は恐ろしいものなのです。その使い方によって、「〝あわれみ〟の心」は窒息させらます。人間の心を正しく働かせることができなくなります。

同様に三つの危険な思考システムに加わると、「〝あわれみ〟の心」は窒息させられます。なぜでしょうか。一つの枠の考え方に自分の心が閉じ込められるからです。すべて、その枠の中で、他の人のことも考えるようになってしまいます。三つの危険な思考システムは、イエスさまの福音と正反対のものです。それに従えば、イエスさまが私たちに自覚してほしいと思っておられる〝あわれみ〟の本当の意味を理解することはできないのです。

1 Jacques Poujol, *Accompagnement psychologique et spirituel chapitre 21 l'identite*, Empreinte Temps Present, p. 369.

2 Bible Segong version 21 (avec notes d’ etude archeologiques et historiques).

第6章　尊重の重要性

「あなたがたは互いに尊重し合いなさい。」――匿名

A　その人の宗教を尊重する

私は三年間、北海道聖書学院の短期信徒コースで聖書を勉強しました。一年目の時にシンガポール出身のOMFの宣教師、蔡孝全先生から組織神学を学びました。蔡先生には教える賜物があり、それとともに、その人間性に心打たれました。ある日、授業の前に二人で、宗教について話をしていたときに、先生がこう言われました。

「人の宗教を尊重することは重要です。クリスチャンにとって、自分の信仰を大切で正しいと信じることには何の問題もありません。けれども、イエスさまの福音を宣べ伝えるためには相手の信仰をも尊重しなければなりません。尊重しなければ、相手から尊重を得ることができませんから。」

第2章で述べたように、私の父はユダヤ人だったため、一家は第二次世界大戦の時にナチスから大変な差

別と迫害を受けました。その悲しい経験から父は、「人を大切にすること」について非常に敏感になりました。宗教に対しても同じでした。私は日本に来てから、プロテスタントの信者になりました。電話で父にそのことを伝えたとき、彼はこう言いました。「信仰を持つのは良いことだと思う。心の中で自分の信仰が真理であり、自分の考え方がベストであると思ってもいい。けれども、自分の信仰や考え方以外に他の真理はないと思うのは非常に危険だよ。」

蔡先生と父の考え方は一致していました。ユダヤ教、イスラム教、仏教、神道など様々な宗教があります。それぞれ教えと信じ方があります。そうした中で私はクリスチャンです。なぜでしょうか。イエスさまの存在が、神さまがどのようなお方であるかを私たちに明らかにしていると信じているからです。もし、ある宗教が（キリスト教を含めて）、反社会的な行為をしたならば、あるいは人、家族や社会を破壊したならば、それに反対しなければなりません。さらに聖書のみことばを利用しながら、ある宗教グループが同じような行動をするのであれば、当然それに反対する必要があるでしょう。その一方で、自分たちクリスチャンのような信仰を持たないからといって、その宗教を否定して、悪霊だと言うべきではないでしょう。イエスさまの福音を全世界に宣べ伝えるのはクリスチャンの使命ですが、相手の宗教を尊重することは非常に重要です。その宗教がどういうものなのかを、まず理解する必要があります。

◆パウロから学ぶ

コリント人への手紙第一、九章一九節から二二節までにパウロはこう述べています。

「私はだれに対しても自由ですが、より多くの人を獲得するために、すべての人の奴隷となりました。ユダヤ人にはユダヤ人のようになりました。それはユダヤ人を獲得するためです。律法の下にある人々には、私自身は律法の下にはいませんが、律法の下にある者のようになりました。それは律法の下にある人々を獲得するためです。律法を持たない人々に対しては、――私は神の律法の外にある者ではなく、キリストの律法を守る者ですが――律法を持たない者のようになりました。それは律法を持たない人々を獲得するためです。弱い人々には、弱い者になりました。弱い人々を獲得するためです。すべての人に、すべてのものとなりました。それは、何とかして、幾人かでも救うためです。」

ここを読むと、パウロが人々の生活環境や状況を理解したうえで、彼らとともに生活していることがわかります。パウロは、宣教のために訪れた国の人々の文化や考え方、生き方などを尊重しながら、イエスの福音を伝えました。人々のことを理解するためにじっくり時間をかけることが、どれほど大切であるかをパウロはよく知っていました。さらに、出会った人たちと同じ立場に立つためにどうしたらよいかも熟知していました。

パウロは相手の立場に立って、考えるようにしていました。ユダヤ人と話をするときには、ユダヤ人のようになり、民族の歴史や旧約聖書を通して、ユダヤ人たちが考えていたメシアの到来についての話をしました。そしてそのことから、ユダヤ人の待ち望んでいたメシアが、復活したイエスご自身であることを説明しました。

使徒の働き一三章三二節から三四節までを見ると、パウロがピシディアのアンティオキアという町の神殿に行ったとき、どのようにしてユダヤ人にイエスの福音を宣べ伝えたのかがわかります。

「私たちは、神が父祖たちに対してなされた約束について、あなたがたに良い知らせをしているのです。神は、イエスをよみがえらせ、それによって、私たち子孫にその約束を果たされました。詩篇の第二篇に、『あなたは、わたしの子。きょう、わたしがあなたを生んだ』と書いてあるとおりです。神がイエスを死者の中からよみがえらせて、もはや朽ちることのない方とされたことについては、『わたしはダビデに約束した聖なる確かな祝福を、あなたがたに与える』というように言われていました。」

パウロは異教徒たちと話をするときには、天と地、空、海、星などを参照しながら、神について語りました。使徒の働き一四章一五節から一七節までを見てください。

「皆さん。どうしてこんなことをするのですか。私たちも皆さんと同じ人間です。そして、あなたがたがこのようなむなしいことを捨てて、天と地と海とその中にあるすべてのものをお造りになった生ける神に立ち返るように、福音を宣べ伝えている者たちです。過ぎ去った時代には、神はあらゆる国の人々がそれぞれ自分の道を歩むことを許しておられました。とはいえ、ご自身のことをあかししないでおられたのではありません。すなわち、恵みをもって、天から雨を降らせ、実りの季節を与え、食物と喜びとで、あなたがたの心を満たしてくださったのです。」

もしもパウロが日本に来ていたとしたら、どうしていたでしょう。きっとコリント人への手紙第一、九章一九～二二節のみことばのように、日本人に対しても日本人のようになったでしょう。日本人を得るためです。パウロは日本の宗教や文化を尊重し、そして日本人の考え方や心を理解しながら、イエスの福音を宣べ伝えたでしょう。しかし、パウロのように宣教するには、愛と忍耐と、尊重、勇気が必要です。それぞれの国の宗教や文化、考え方を理解するためには、長い時間をかけて、それらについて学ばなければならないからです。そのために「〝あわれみ〟の心」を持たなければなりません。パウロはこの「〝あわれみ〟の心」を持っていたのです。

◆呪いの世界

聖書では、サタンと悪霊が現実に存在していることを教えています。私はそれらの存在を否定するつもりは全くありません。けれども、それらについて極端な考え方をしているキリスト教のグループや「霊の戦い」を過度に強調するグループがあります。彼らの考え方によると、キリスト教以外の宗教は悪霊なのです。彼らにとって、日本では天照大神の霊、神道の霊、仏教の霊、イスラム諸国ではイスラム教の霊、インドではヒンズー教の霊があります。こうした霊があるので、なかなかイエス・キリストの福音を宣べ伝えることが難しいと考えるのです。いろいろな面でこれらの霊が邪魔をしていると理由づけるわけです。場合によっては、それらが日本のキリスト教会やクリスチャンの家族の中で混乱を起こすといいます。その実例を二つ紹介したいと思います。

例1

一人の牧師は自分の教会のメンバーとの間に問題がありました。すると彼は、「この問題は私たちの近くにあるお寺の悪霊のせいだ」と言いました。次の日、牧師と教会の信徒たちがそのお寺の前に集まりました。そして、教会を分裂させる悪霊を追い出すために悪霊払いをしたのです。

例2

ある教会のメンバーの両親は、自分たちの子どもとの間に問題がありました。牧師は両親にこう言いました。「この地域にある神社の悪霊があなたと子どもの間に混乱を起こさせています。問題を解決するためにそれぞれの神社の悪霊を追い出さなければなりません！」そして次の日曜日、牧師、その両親、教会のメンバーは、地域にあるそれぞれの神社に行って、悪霊払いをしました。

これ以外にも、様々な動きがあります。神社やお寺の悪霊を清める、あるいは滅ぼすために、「爪楊枝のみこ

とば」というテクニックも使われています。一本の爪楊枝に小さな紙をぐるぐる巻きますが、その紙には一つの聖書のみことばを書いておきます。そして、それを神社やお寺の壁の中に入れるそうです。そうすることで、神社とお寺の悪霊を清めたり滅ぼしたりするというのです。

日本にはいろいろなところに仏像があります。キリスト教のある極端なグループや「霊の戦い」を過度に強調する宣教師の中には、この仏像のことを悪霊と言っている人たちがいます。そして、その像の前に集まって祈ります。神さまに仏像を破壊してもらうために祈るのです。

このクリスチャンたちはあまりにも極端な考え方を持っているため、何でも悪霊に結びつけてしまいます。北海道に登別という町がありますが、この地名はアイヌ語のヌプル・ペッ（色の濃い・川）に由来しています。石灰質の温泉が川に流れ込み、川の色が白く濁っていることによるのです。道央道登別東インターチェンジの出口には、大きな鬼像が登別温泉の方向を指さして、立っています。別に宗教的な意味で使われているわけではありません。ただ、温泉の方向を示しているだけです。けれども、この像は悪霊であると言って、何人かの宣教師たちが登別に行きました。そして、神さまにこの像を滅ぼしていただくために祈ったのです。

自分の神社やお寺の壁の中に、「爪楊枝のみことば」を見つけたとき、お坊さんや神主さんはどう思うでしょうか。どう感じるでしょうか。自分の神社やお寺の前で、クリスチャンたちの群れが悪霊払いを行っているのを見て、どういう気持ちなるでしょうか。

一般の日本人は、外国から来たキリスト教の宣教師たちが、仏像を破壊させるために神さまに祈っているとわかったら、どう考えるでしょうか。登別に住んでいる人たちは、そういった宣教師の行動について、どう感じているのでしょうか。その人たちは反発を覚えながら、クリスチャンは愚かなものであると見ているでしょう。そのような行為を目にして、日本人がキリスト教に対して良いイメージを持つはずがありません。そして、キリスト教を批判するようになります。その批判は悪霊の仕業ではありません。こうした極端な考え方や無責任な行動から生まれるのです。

もしも仏教や神社、他の日本の宗教の信仰者たちがキリスト教や教会に対して同じ行動をとったとすれば、クリスチャンたちは当然それに反発するでしょう。おそらく日本の宗教から迫害を受けているということでしょう。

このような極端な考え方や行動は、イエスさまの教えから来ているものではありません。イエスさまの弟子たちやパウロもこんなことは教えていません。そして、そのようなことも行っていないのです。弟子たちはイエスさまの福音を宣べ伝えるために、他の宗教を悪魔化する必要がありませんでした。

使徒の働き一七章一六節から三四節で、パウロがアテネでどのようにイエスさまの福音を宣べ伝えたのかを読むときに、彼が何を大切にしていたかを理解することができます。確かに一六節では、パウロは、町が偶像でいっぱいなのを見て、心に憤りを覚えました。けれども、その時に町の偶像の中に「爪楊枝のみことば」などを入れてはいません。自分がイエスさまの福音を宣べ伝えることができないのは、「アルテミス、アポロン、ゼウスなどの神々の悪霊のせいだ」などと言いませんでした。また、他のクリスチャンたちが集まって、その神々の神殿の前に立って、悪霊払いを行ってもいません。さらにそこに、液体を投げたこともありません。日本のお寺にこのような犯罪行為をした「クリスチャン」は絶対に間違っています。その行為は許しがたいことです。

パウロはどのような態度をとったでしょうか。一七節と一八節に、そのことがはっきりと記されています。

「そこでパウロは、会堂ではユダヤ人や神を敬う人たちと論じ、広場では毎日そこに居合わせた人たちと論じた。エピクロス派とストア派の哲学者たちも幾人かいて、パウロと論じ合っていたが、その中のある者たちは、『このおしゃべりは、何を言うつもりなのか』と言い、ほかの者たちは、『彼は外国の神々を伝えているらしい』と言った。パウロがイエスと復活とを宣べ伝えたからである。」

そして二二節に書かれていますが、アレオパゴスの真ん中に立って、アテネの人たちにイエスさまの福音、特に復活について語りました。パウロは、イエスさまの復活を受け入れることが、アテネの人々にとってどれほど難しいことなのかをよく理解していました。それを理解したうえで、その話をしました。話を聞いた人たちは、それによって、イエスさまを受け入れるか、受け入れないかを自分たちで選ばなければなりませんでした。三四節には、パウロの話を聞いて、信仰に入った人たちがいたと書いてあります。二人の名前が記されていて、アレオパゴスの裁判官ディオヌシオ、ダマリスという女性であることがわかります。

パウロはイエスさまの福音を宣べ伝えるために、呪いあるいはオカルト的な方法を使うことはありませんでした。さらにその国の宗教を悪魔化することもしませんでした。イエスさまの福音（good news）をそのまま伝えただけでした。そして、それによって何人かが信仰に入ったのです。

◆アショーカ王の言葉

アショーカはインド、マガダ国の王で、マウリヤ朝の第三代の王でした。紀元前三世紀ごろ、初めてインドを統一しました。仏教に帰依、法（ダルマ）を統治の理想とし、それを各地の磨崖碑や石柱碑に刻みました。『仏典』の第三回結集《けつじゅう》を行ったと伝えられ、理想の帝王とされています。[1] アショーカ王は多くの言葉を残しました。その中にある言葉を紹介したいと思います。

「自分の宗教だけを尊重して、他の宗教を非難することがあってはならない。私たちは、他の人々が信仰する宗教をも尊重するべきなのだ。それは自らの宗教を広め、他の宗教を助けることにつながるだろう。さもなければ自らの宗教の墓穴を掘り、さらには他の宗教にも害を与えることになる。自らの宗教だけを尊重し、他の宗教を非難する者は、己が宗教への信仰心から、『私の宗教を賛美しよう』と考えているのかもしれないが、そのような行為は自らの宗教を深く傷つけることになる。協調は善なり。他の人たちの説く教義を聞き、また聞く努力をしよう。[2]」

このアショーカ王の言葉は素晴らしいものです。とても興味深いのは、この言葉の中に信仰者にとって、大きなパラドックス（逆説）が含まれていることです。どんな信仰者でも、自分が信じている宗教がベストであると思うのはごく自然なことです。そして、それを宣伝したいと思うのも自然です。けれども注意しないと、危険な道に走る可能性があります。それは、自分の信仰とその考え方だけがベストなのだと思い込むとき、これが大きな危険な道なのです。その道に走るとき、自分の心と判断力が非常に狭くなります。あまりにも狭くなって、現実が見えなくなります。他のことを何も受け入れられなくなります。極端な考え方の中に自らを閉じ込めて、すべてのことを解釈していきます。そして、間違った行動を起こします。

キリスト教のある極端なグループや「霊の戦い」を過度に強調するムーブメントの問題行動について述べました。けれども、彼らだけが仏教や他の日本の宗教は悪霊であると教えているのではありません。福音派に属する教会の中にも、こうした考え方をしている牧師はいます。その人たちは実際、「京都にはお寺がたくさんあるので、悪霊が多い」と教えています。そして説教の中で、仏教に対して多くの批判を加えています。そのような説教は信者たちに、悪い影響を与えます。

二つの例を紹介します。

例1

一人の青年は、自分の叔母さんが亡くなったときにお寺で葬儀を行いました。葬儀中に、彼は大声で「残念だ！　叔母さんは地獄に行くね！」と叫びました。彼のお父さんは非常に怒りましたが、青年自身は自分の行動が正しいと思っていました。青年の行っている教会の牧師の説教を聞くと、なぜお寺での葬儀中で、こんな発言をしたのかがよくわかります。驚くことではなかったのです。

例2

自分のお母さんが亡くなったときに、息子さんが実家に帰って来ました。お母さんは仏教の信者でしたから、お寺で葬儀が行われました。息子さんと彼の奥さまと小さいお子さんはクリスチャンです。彼らは、仏教の葬儀は偶像礼拝であると言って、参加することを拒否しました。亡くなったお母さんの友人の間では、噂になりました。「息子さん家族はなぜお葬式に来ないの？」「あの人たちはクリスチャンらしいよ。」「ああ……。」　無宗教の人が言いました。「宗教と関係なく、亡くなった人のことを尊重できないのでしょうか」と。この若い夫婦の教会の牧師とその教団の考え方を知ると、その態度に驚きを覚えなくなります。

このようなことは、キリスト教と、日本の宗教、日本人との間に大きな壁を作るだけです。そして、イエスさまの福音を宣べ伝えるのにさらなる困難を生じさせます。非常に残念なことです。繰り返しますが、自分の宗教とその考え方が正しいと思うのは良いことです。けれども、すべての信仰者は謙遜でなければなりません。

私たちクリスチャンは、他の宗教から学ぶ必要があります。そして、他の宗教に多くのことを教えることができます。そのためにも相手の宗教を尊重することは重要なのです。尊重しなければ、相手の宗教を傷つけてしまいます。それだけでなく、自分の宗教にも傷がつくのです。私たちクリスチャンは、アショーカ王の言葉を深く考える必要があるのです。

B　その人のことを尊重する

旧約聖書外典のトビト記四章一五節にこうあります。「自分が嫌いなことは、ほかのだれにもしてはならない」（新共同訳・旧約聖書続編つき）。孔子は「自分にしてほしくないことを人にしない」と教えています（『論語』第三巻）。そして、イエスさまはこう述べておられます。「自分にしてもらいたいと望むとおり、人にもそのようにしなさい」（ルカ六・三一）と。

これらの言葉は、一つの重要な「普遍的なモラル」（universal morality）を伝えています。それは、人のことを尊重するということです。人はみなユニークな存在です。もしもそのことを認めないならば、人を尊重することなどできません。そのようにするには、相手の立場に立って、物事を考えることが大切です。

私の父はそのようにする人でした。兄と私を比較したことがありません。私たちがそれぞれ異なった存在であると認めて、尊重してくれました。兄は勉強がよくできました。私は逆に学校嫌いで、勉強はあまりできませんでした。兄は大学の教授になりました。私はスポーツが好きで、運動のできる仕事がしたかったので、消防士になりました。それについて父は、冗談でも、兄は私より優れていると言ったことがありませんでした。父はそれぞれが持っている可能性によって、本人自身に一番合う仕事を選ぶことができると信じていました。兄と私が持っている賜物が違っていることを、よく理解してくれていました。兄にできて私にはできないこと、あるいは私にできて兄にはできないことがありました。父は、そんな私たちをありのままで受け入れてくれました。父の考え方と行動を見るなかで、人のことを尊重するのに大切なのは、その人をそのまま受け入れ、自らの生き方を選ぶために自由とチャンスを与えることである、と私は学びました。

人は自分が尊重されるとき、自らを表現することが可能となります。自分の意見を述べる機会を得ます。ですから、私たちはその人をより理解するために意見に耳を傾けることです。その人の考え方を尋ねることです。自分の意見と異なったとしても、私たちはお互いに教え合い、学ぶことができます。

人のことを尊重するとは、悲しみや苦しみの中にいる人に手を差し伸べることでもあります。そのような中にある人を見て見ぬふりをしないで、助けます。支えます。守ります。年齢、国籍、皮膚の色、宗教、性別（マイノリティを含めて）に関係なく、その人のために立ち上がることです。

◆ひとり言

だれでも自分の立場に立って、大事にされたいのです。自分のことをそのまま受け入れて、自分の生き方を選ぶための自由とチャンスを与えてほしいのです。そして、自らを表現することができるようにしてほしいのです。自分の意見を述べたいし、取り入れてほしいのです。自分の話に耳を傾けてほしいのです。自分が悲しみや苦しみの中にいるとき、だれかに手を差し伸べてほしいのです。だれも、傷つけられたいと思いません。それは当然の思いです。

そのような望みがかなわないと、人は、悲しみや苦しみ、場合によって絶望に陥ります。そうした状況になることを、だれも好みません。それは当然のことです。

トビト、孔子とイエスさまの言葉を忘れるべきではありません。そして、これらをいつでも実践しなければなりません。

◆ルカの福音書一〇章のサマリア人の物語を読んで

「では、私の隣人とは、だれのことですか」（ルカ一〇・二九）。律法の専門家のこの質問にイエスさまはサマリア人のたとえ話をなさいました。

「ある人が、エルサレムからエリコへ下る道で、強盗に襲われた。強盗どもは、その人の着物をはぎ取り、なぐりつけ、半殺しにして逃げて行った。たまたま、祭司がひとり、その道を下って来たが、彼を見ると、反対側を通り過ぎて行った。同じようにレビ人も、その場所に来て彼を見ると、反対側を通り過ぎて行った。ところが、あるサマリヤ人が、旅の途中、そこに来合わせ、彼を見てかわいそうに思い、近寄って傷にオリーブ油とぶどう酒を注いで、ほうたいをし、自分の家畜に乗せて宿屋に連れて行き、介抱してやった」（同三〇〜三四節）。

私にとって、この話はとても大切なものです。特にこの言葉です。「彼を見てかわいそうに思い……」です。口語訳では、「彼を見て気の毒に思い」、新共同訳では、「その人を見て憐れに思い」、ＮＫＪＶでは、"he saw him, he had compassion"（彼を見て、彼はあわれんだ）となっています。

サマリア人、祭司とレビ人はそれぞれ、ある行動を選びました。三人とも、強盗に襲われた人を見たと書いてあります。しかし、彼らのとった行動は全く異なっていました。祭司とレビ人は強盗に襲われた人を無視します。サマリア人はその人を助けます。どうしてこんなに違ったのでしょうか。サマリア人は強盗に襲われた人を見た途端に「あわれんだ」のです。強盗に襲われた人を見て、自分の痛みとして共に担い、深い共感を覚えました。サマリア人は「〝あわれみ〟の心」を持っていたので、襲われた人の命を救うことだけを考えました。見て見ぬふりをして通り過ぎることができませんでした。「〝あわれみ〟の心」を持っている人たちは必ず行動を起こします。彼らにとっては、"C'est visceral"——腸《はらわた》がちぎれることなのです。

サマリア人も、強盗に襲われた人を無視することができました。けれども、神さまとイエスさまが教える「〝あわれみ〟の道」を選びました。この道は別の道につながります。それは、悲しみや苦しみの中にある人を「尊重するための道」です。私は先ほど、すべての人は異なった存在であり、そのことを認めなければ、人を尊重することができない、と述べました。

人はみな異なるために、そこに多くの偏見が存在します。宗教的、人種的、政治的な偏見などです。それらの偏見は人の間に大きな壁となります。イエスさまはサマリア人のたとえ話を通して、何をお伝えになりたかったのでしょうか。これは私の考えですが、イエスさまは人間に対して、「神さまの〝あわれみ〟を妨げる壁はありません。この『〝あわれみ〟の道』に歩むときにあらゆる偏見が壊されます。それによって、人は互いに尊重し合い、助け合うことができるのです」と伝えたかったのではないでしょうか。

三七節でイエスさまが律法の専門家にこう言われました。「あなたも行って同じようにしなさい。」この言葉は、ただその当時の律法の専門家のためだけのものではありません。この言葉は世界が終わるまで、すべての人たちに伝えられているメッセージです。

「私は必要な時、相手のサマリア人にならなければならないと同時に、相手も必要な時、私のサマリア人にならなければなりません」というメッセージです。

1　『大辞林』第三版の解説

2　S・N・ゴエンカ氏　https://www.dhamma.org/ja/about/goenka
la croix: «La tolérance est une pensée des limites» Roger Pol Droit. Jean-Baptiste François, le 16/11/2016

あとがき

「無関心は最悪だ！」――ステファン・フレデリック・エセル[1]

二十一世紀では、イエスさまの時代のように多くの人たちが苦痛の中で生きています。その苦痛は、経済的、肉体的、精神的あるいは宗教的な（霊的な――Spiritual）ものです。それらに対して私たちは二つの態度をとることができます。一つめは「無関心の道」です。二つめは「〝あわれみ〟の道」です。イエスさまの「道」は二つめです。四つの福音書を読むときに、イエスさまがこの「道」を必ず選んでいることがはっきりわかります。だれのために「あわれんでいる」のでしょうか。そして、何のためでしょうか。それは、

・虐げられている人々を自由にするためです。
・病人を癒すためです。
・心の傷ついた者を癒すためです。
・侮辱された人に良い知らせを伝えるためです。
・壊れた生活を立て直すためです。

・失われたものを捜して救うためです。

イエスさまは「わたしから学びなさい」と言われます。私たちはこの「〞あわれみ〟の道」を歩くために、イエスさまから学ばなければなりません。そのためにイエスさまとともに歩む必要があります。そしてイエスさまのように、苦痛の中にいる人のために自分たちの内臓が震えなければなりません。二十一世紀は「人への無関心の一般化」となっています。そして、今の国際情勢を見るうえで、ますますこの状況は全世界に広がることでしょう。それに対して、イエスさまの「〞あわれみ〟の道」を選んで歩むことがとても必要だと思います。「〞あわれみ〟の道」によって、立ち上がり、闘い、必要な時に「ノー」と言わなければいけないことも出てきます。簡単なことではないかもしれません。しかし、イエスさまはこの「〞あわれみ〟の道」によって、もう一つの重要なことを教えてくださっています。それは、「勇気――Courage」です。四つの福音書を読むと、イエスさまの「あわれみ」と「勇気」のつながりをはっきり理解することができます。

たとえば、ヨハネの福音書八章では、「姦淫の現場で捕らえられた女」の側に立って、彼女を訴えた人たちから守りました。イエスさまはひとりで律法学者たちやパリサイ人の前に立ち上がりました。そのためには「勇気」がなければなりません。イエスさまは彼女を責めたりなさいませんでした。「彼女は罪深い女だ！　不品行な女だ！」とは叫ばれませんでした。「今後はもう罪を犯さないように」と言われました。この言葉によって、イエスさまの〞あわれみ〟からくる彼女に対する尊重が表れていると思います。

ルカの福音書七章に彼はパリサイ人シモンの家の中で、ひとりの罪深い女のそばに立って、彼女をお守りになりました。マタイの福音書二一章では、神殿（の異邦人の庭）から商人を追い出し、そこでしか祈ることのできない外国人の祈る権利を守られました。マルコの福音書三章には、手の萎えた人を治したと書いてあります。そのために、イエスさまは命をかけて、行動を起こし、手の萎えた人を癒されました。そのような行動を起こすためには、勇気が必要なのです。

イエスさまが教えている「〝あわれみ〟の道」は本当に素晴らしいものです。その「道」によって、尊重、勇気、人のいのちの大切さを学ぶことができます。その中で、もう一つ重要なことを学ぶことができます。それは人間に対する神さまの愛です。イエスさまは、その愛を十字架の上まで持って行かれました。

このブックレットを書くにあたって、たくさんの方々にお世話になり、ご協力いただいたことを、この場を借りて感謝いたします。いろいろな面で、心の傷を受けたクリスチャンたちと家族の方々、そして、林久義先生、日向恭司先生、黒田靖先生、ピエール・ペラール先生に特にお礼申し上げます。出版・編集で協力してくださった「いのちのことば社出版部」の皆さまにも深くお礼を申し上げます。

1 Stephane Frederic Hessel（一九一七～二〇一三年）。外交官、大使、作家。第二次大戦中はフランスのレジスタンス、強制収容所の生還者。著書、『怒れ！　憤れ！』村井章子訳、日経BP社、四三頁。

パスカル・ズィヴィー

1957年、フランスに生まれる。1980年に来日。筑波でバートンリレイス宣教師、稲垣守臣牧師に出会い、クリスチャンとなる。カルト問題に直面し、カウンセリングに携わるようになり、1994年、「マインド・コントロール研究所」を設立。現在、同研究所所長。

聖書 新改訳 © 1970,1978,2003 新日本聖書刊行会

“あわれみ”の心　イエスの道

2017年4月1日発行

著　者　パスカル・ズィヴィー
印刷製本　モリモト印刷株式会社
発　行　いのちのことば社
〒164-0001 東京都中野区中野2-1-5
電話 03-5341-6922（編集）
03-5341-6920（営業）
FAX03-5341-6921
e-mail:support@wlpm.or.jp
http://www.wlpm.or.jp/
© Pascal Zivi 2017　Printed in Japan
乱丁落丁はお取り替えします
ISBN978-4-264-03631-9